Klaus Gierhake (Ed.)

Social Innovation and territorial impacts – empirical findings in Quito in the context of Applied Science

Gießen University Library Publications

2020

Klaus Gierhake

Zentrum für internationale Entwicklungs- und Umweltforschung (ZEU) der Justus Liebig Universität (Deutschland),

gierhake@gmail.com

Agradecimientos

Los trabajos de campo en el distrito metropolitano de Quito (DMQ) fueron financiados por la Secretaria Nacional de Educación Superior, Ciencia, Tecnología e Innovación de la República del Ecuador, dentro del programa Prometeo. Se agradece este financiamiento. La confianza encontrada en todas las oficinas mencionadas anteriormente, su disposición para dialogar fue indispensable para lograr los resultados presentados. Estamos agradecidos a todos, merece mencionarse sobre todo a: Fabián Sandoval (MDMQ 2009-2014) y a Nelson Rodriguez† (Vice Rector Universidad Central del Ecuador). También se agradece las sugerencias del equipo editor de la Biblioteca Electrónica de la Universidad de Giessen

Bilder mit freundlicher Genehmigung von:
Fabián Sandoval (S.1) und Jens Rottgardt (Umschlag und S. 35,67,131)

Giessen University Library Publication

ISBN: 978-3-944682-51-8

Druck: tredition GmbH, Hamburg

Inhaltsverzeichnis

Introduction - applied geography as an instrument to analyse social innovation in Quito

Forschung im Bereich Angewandter Geographie im „Globalen Süden" – Quito

El conocimiento local como factor de innovación social: el caso del distrito municipal de Quito / Local knowledge as social innovation factor: The case of municipal district of Quito 35

Ciudades creativas en el Pacífico latinoamericano latitud norte 0-20° (Quito-Guadalajara) / Creative Cities in the Pacific Basin of Latin American - North Latitude 0-20° (Quito-Guadalajara) 67

Klaus Gierhake

(2020)

Introduction - applied geography as an instrument to analyse social innovation in Quito

1. Introduction

Applied Geography should not be considered as a separate sub-discipline of geography, but rather as an attempt to encourage a dialogue on impacts of research for the solution of public problems as in the case of natural sciences (applied chemistry, physics, botany, etc.). The main purpose of this approach is to apply subject-specific knowledge to a concrete case study without relying on mere theoretical analysis. The research issues are given by the society, rather than formulated within a Faculty of Geography. Applied Geography can be used in all sub-areas of geography, but it appears as a particularly effective approach in studying planning strategies. Thus, Applied Geography focuses on issues like administration, economy, and traffic development. The fact that Applied Geography does not rely on already established methods is crucial. Looking closer at the essential concepts of Applied Geography, it is worth mentioning that it aims to apply existing methodological knowledge to new objects. The basics of previous concepts like cause-impact relationships remain valid, however adaptions are possible and expected at the level of variables and indictors. In general, this procedure requires constant reflection on: existing theoretical concepts - practical challenges - adaptation of existing theoretical concepts - and further practical testing. It is difficult to define a specific point of task fulfillment in advance, since new questions are always emerging from the investigation processes. Moreover, further development of the original methodological concepts is a constant objective.

An important impulse for the discussion of applied geography was offered by the International Geographers Congress in Stockholm in 1960 (IGU - International Geographical Union). All IGU national subdivisions were asked to elaborate a progress report related to the perspectives / problems concerning the development of applied geography over the next four years. The launch of the first Diploma in Geography, as a specific career program (1957 at the Free University of Berlin) and the adoption of the first Territorial Planning Act (Raumplanungsgesetz) by the Federal Republic of Germany (1965) represent two milestones for the institutionalization of applied geographical issues (von Rohr 1994).

Relying on experience in this field, it can be assumed that territorial change processes in the "Global South" are proceeding with greater dynamics. Establishing a dialogue between university and civil society in terms of research and communication is therefore important. Basic problems in development research, such as the lack of detailed data and medium-term comparable data sets on the same territorial units can be observed – and hopefully partially solved – through the approach offered by applied geography. However, so far there are few examples of systematic analyses adopting this methodology and similarly empirical studies of this kind are lacking in countries of Latin America.

The concept of "transdisciplinarity" has updated the objectives of applied geography with the aims to adapt already known methods to new research issues. At the same time, a dialogue with politics must be encouraged. In this way the boundaries between science and society are reviewed and redefined and these two study areas can be finally integrated. The notion of "knowledge integration" can in fact be defined as a key element of "transdisciplinarity" (Scholz, 2013).

Despite similarities "applied geography" and "transdisciplinarity" show some differences: the first term places greater emphasis on territorial reference, while the latter term focuses on the aspect of knowledge integration. However, this must not necessarily be considered as a contradiction, as demonstrated by the successful work on the Metropolitan District of Quito.

Reviewing application-related concepts with regard to their strengths and weaknesses for a research project in the Global South requires a number of considerations which can influence the outcome of the investigation. The first of these strategic considerations is represented by overarching issues, like social innovation, and territorial development in metropoles.

Social innovation is based on the proper views of a procedure of constant socio-cultural processes. Urban development, especially in the metropolitan regions of the "Global South", includes a range of highly dynamic processes relating to territorial changes. As already stated in previous research on urban development in general, more specifically on successful examples, this requires improved capacities in monitoring processes.

Applied Geography should thus consider social innovation and urban development as the starting point of research. On the other hand transdisciplinary research may help to look closer at socio-cultural processes. Aspects of knowledge and / or knowledge integration in various institutions (and in a previously defined geographical area) would then become the central focus, especially in the context of territorial diffusion of social innovations. The present work is a re-edition of original papers which have already been published in the Spanish-speaking world. It aims to demonstrate the actual basis of descriptive work on social innovation and territorial development in Latin America. This effort may thus be considered as an initial step to further develop this topic in future research.

2. Urban development and challenges for investigation of territorial aspects

Projects in the field of urban development are becoming more and more complex, require multisectorial analysis. This aspect also increases the demands for efficient planning and for monitoring activities by the planning authorities. The traditional local public administration can hardly respond to this requirement, due to lack of continuity in the staff. At the same time the demands for specialized competences and capacities are increasing. In the case of metropolitan districts and national capitals these problems are expected to intensify progressively, since these locations combine municipal as well as regional and national concerns.

In the course of the research on "Social Innovation in Quito" and relevant publications (see bibliography of the articles presented in this book), however, a set of limiting factors have appeared:

1) Although "territory" and its importance is a well-established term in relation to perspectives of developmental processes, the administrative, economic and social factors characterizing a given area have hardly been analyzed adequately. A comprehensive territorial analysis has not been presented. Moreover in the Hispanic world geography is mainly understood as "physical geography", while in Europe its main approach is territorial analysis. Apart from exceptions (Chile and Mexico), there are only a few geographical institutes in South America. In Ecuador, the only research center in this sense is the Catholic University in Quito.

2) The meaning of applied science cannot be understood by merely considering documented publications. In the case of Ecuador, the object of the present analysis, there has been no experience with this kind of research. The work presented here furnishes an example on how a new development in the field of applied science is progressing (see further contributions in this volume).

3) Although it is widely agreed that universities should contribute more intensively to the social development of states and to focus their

research and teaching on local or regional conditions, in practice this concept remains fragmentary. In the case of the Metropolitan District of Quito, the "Instituto de la Ciudad" should fill this gap by promoting the results of applied research on urban development, which had not been done by local universities in late 2018. This issue has been treated in an article published on the journal "Revista Cuestiones Urbanas" (Jardón / Gierhake 2019).

3. Example: applied geography as a tool for highlighting innovation progress in Quito / Ecuador

The methodology of Applied Geography offers an interesting framework for the investigation of new development approaches, both in the attempt to establish future tasks for metropolitan regions as well as regarding the connection with municipal networks.

The original geographic innovation theory serves as a basis for a wide array of secondary investigations. Applied geographical research focuses mainly on the following aspects: innovator(s) – actors of diffusion – actors of adaption, as well as on promoting factors and barriers for the diffusion of an innovation plan. Table 1 shows the key elements of this model, and also gives a brief description of their traditional understanding as well as of their research-modified relevance.

Table 1: The basic concept of geographic innovation processes and their adaptation to social innovations in the metropolitan district of Quito:

- **Innovators**: traditionally business enterprises. **In this case**: Municipio Distritio Metropolitano Quito

- **Innovation**: traditionally focused on economic innovation. **In this case**: social innovation

- **Place of innovation**: traditionally Europe / North America. **In this case**: the Metropolitan District Quito

- **Actors of diffusion**: traditionally business and service institutions. **In this case**: departments of local government, institutions of civil society, universities

- **Actors of adaption**: traditionally business enterprises, service providers, In this case: civil society and its organizations

---

- **Communication channels**: limited research in the traditional approach; In this case: scientific publications, development plans and regulations.

- **Barriers**: in general: occurring when existing communication channels cannot be used. They are usually performed by publicity media, different language in the place of introduction of an innovation and places identified for further diffusion, given rational economic factors (e.g. cost savings). **In this case**: this aspect has been rather neglected. The conceptual and administrative capacities of the innovator and the municipal networks / cooperation partners that promote or impede the process of diffusion of a certain innovation. Barriers are also represented by universities and their publication channels, libraries and their capacity for storage and structuring of the data.

- **Summary**: The traditional research approach is based on perspectives of the Global North. **In this case**: The starting point of the research is in the metropolitan area of Quito, a representative territory of the "Global South".

Table: own compilation

For research purposes it may be useful to combine the Applied Geography approach and one or more specific theoretical concepts: this would help to illustrate the dialogue between science and society. This strategy has been adopted in the study of the following aspects, each of them related to a different aspect of geographical innovation processes:

- **Social innovation of local governments**, focusing on improved processes of institutional learning, organizing, planning and continuous actualization of planning

- **Intellectual capital** looking at local governments, and analyze how the different aspects of this capital perform at this level

- **Local knowledge** existing in urban areas

- **Characteristics of creative territories**

- **Geographical investigations of institutional networks**

- **New culture of local politics** (e.g. Jardón / Gierhake 2016; Jardón / Gierhake / Martos 2016; Gierhake / Jardón 2017).

While "social innovation, intellectual capital and local knowledge" are mainly related to the initial appearance of a specific innovation, the last three concepts (characteristics of creative territories, geographical network research and new culture of local politics) rely on the process of territorial diffusion related to an already introduced innovation.

This general observation is important for the following reasons:

- Recent research on the diffusion of innovation, which is usually focused on economic innovation, assumes an almost automatic territorial process of diffusion of given rational economic factors (such as cost savings, time savings).

- Previous experience in the introduction of economic changes – like technical innovations in Latin America – has already been discussed and shown that the assumption of quasi-automatic processes is incorrect.

- Factors or barriers that promote or impede diffusion processes in Latin America deserve more attention, with regard to relevant indicators of the impacts of social and political factors.

- The observation of the impacts of different barriers on social innovations which do not involve direct profit-making is even more important, and especially so because positive impacts of social innovations cannot be protected by patents

- Finally, the actors of social diffusion processes are more likely to be represented by institutions, local governments or the civil society. Their logic differs from that of institutions which conversely work on the basis of economic considerations, e.g. with the aim to save time and resources or to increase financial income (see the re-printed articles in the present book and also Gierhake 2015, Gierhake / Jardón 2015, 2016, 2017, 2019, Jardón / Gierhake 2016, 2017, 2019, 2020)

4. "Intermediate" Conclusions – proposals to promote further dialogue

The general approach of designing and updating "Applied Geography" in the context of "transdisciplinarity" appears to be a plausible way for analyzing the results of the social innovation process in Quito, as already shown in several papers (see: bibliography of the following five chapters).

It is possible to identify potential channels of dissemination of research results in relation to the topic: "social innovation in the global South". In this regard, it can be assumed that the territorial diffusion of the research results has already begun. The location of the lectures and publications in the territory are the first relevant indicators for a diffusion process in territorial terms. In addition the fact that the diffusion of this research occurs in the cyber space, e.g. the internet, defines an emerging new territorial category. The extent of the virtual territories and their capacity to influence the diffusion and adaptation of innovation processes represents the subject of specific investigations.

Potential synergies can be observed between experiences in concrete progress of implementing local actions through multidisciplinary development policy in Latin America and documented results at the level of theoretical conceptual models in Europe. The present publication is an attempt to enhance the dialogue between science and society.

Klaus Gierhake

(2019)

Forschung im Bereich Angewandter Geographie im „Globalen Süden" – Quito

1. Einführung

Angewandte Geographie stellt keine eigene Teildisziplin der Geographie dar, ist vielmehr mit der Unterscheidung in anderen Naturwissenschaften zu vergleichen (Angewandte Chemie, angewandte Botanik etc.). Wesentliches Anliegen ist die Nutzung fachspezifischen Wissens außerhalb der Universität in einem praxisorientierten Kontext, bezogen das Erreichen konkreter Ergebnisse. Die genauen Zielsetzungen werden von der Gesellschaft vorgegeben, nicht innerhalb des Faches Geographie formuliert. Angewandt geographisch kann prinzipiell in allen Teilbereichen der Geographie gearbeitet werden, insgesamt hat sich aber eine Fokussierung auf Planungsaspekte entwickelt. Innerhalb dieses Rahmens konzentriert sie sich auf allgemeine Fragestellungen der Verwaltung, der Wirtschaft oder der Verkehrsentwicklung. Von zentraler Bedeutung ist immer, dass keine fest vorgegebenen Methoden bestehen, sondern die Hypothese gilt, dass politische Willensbildungen in raumwirksamen Prozessen Wirkungen entfalten (von Rohr, 1994). Ziel ist es also, bestehende methodische Kenntnisse auf neue Fragestellungen anzuwenden. Dabei bleiben die Grundlagen der bisherigen Konzepte bestehen, z.B. Ursache – Wirkungsbeziehungen. Auf der Ebene von Variablen und Indikatoren sind jedoch Neuerungen möglich und zu erwarten. Es bedarf einer kontinuierlichen Reflexion „bestehender theoretischer Konzepte – praktischer Herausforderungen – Anpassung der bestehenden theoretischen Konzepte – ein erneuter Praxistest", wenn man einen solchen Prozess begleiten und analysieren will. Ein präziser Punkt der Aufgabenerfüllung ist schwer vorab zu definieren, da im Untersuchungsprozess neue Fragestellungen auftauchen können, es immer auch um die Weiterentwicklung des methodischen Konzeptes geht.

Ein wesentlicher Impuls für die Diskussion um Angewandte Geographie wurde innerhalb des Internationalen Geographen Kongresses in Stockholm 1960 gelegt (IGU – International Geographical Union). Alle nationalen Untergliederungen der IGU sollten einen Sachstandsbericht zu Perspektiven / Problemen der Angewandten Geographie in den vier folgenden Jahren erstellen. Die Installierung des ersten Diplomstudiengangs in Geographie (1957 an der Freien Universität Berlin) und die Verabschiedung des ersten Raumordnungsgesetzes in der Bundesrepublik (1965) sind weitere wichtige

Wegmarken für die institutionalisierte Beschäftigung mit angewandt geographischen Fragestellungen (von Rohr 1994)[1].

Auf der Basis bisheriger Erfahrungen ist anzunehmen, dass Prozesse der Raumveränderung im „globalen Süden" mit höherer Dynamik ablaufen, begleitende Forschung und Kommunikation zwischen Universität und Zivilgesellschaft sind daher wichtig. Grundprobleme in der Entwicklungsforschung, wie Mangel an detaillierten Daten und mittelfristig vergleichbaren Datensätzen über den gleichen Raumeinheiten könnten mit einem Ansatz angewandter Geographie neu diskutiert, idealweise zum Teil gelöst werden. Es gibt jedoch wenige Beispiele für eine systematische Beschäftigung in diesem Kontext, es fehlen über diese Regionen auch empirische Studien.

In gewisser Weise aktualisiert das Konzept der „Transdiziplinarität" die Anliegen der Angewandten Geographie. Ziele sind, bekannte Methoden anzuwenden und ggf. an neue Fragestellungen zu adaptieren. Dabei soll ein Dialog mit der Politik begonnen werden. Im Verlauf einer solchen Untersuchungskonzeption werden die Grenzen für eine Kooperation zwischen Wissenschaft und Gesellschaft überprüft und neu definiert. Das weit gefasste Ziel ist, die oft vorhandene Trennung von Wissenschaft und Gesellschaft so weit wie möglich zu überwinden und beide Bereiche besser zu integrieren. Diese „Wissensintegration" kann als ein Schlüsselelement von „Transdiziplinarität" bestimmt werden (Scholz, 2013).

Beide hier skizzierten Ansätze haben ähnliche Ausrichtungen, wobei „angewandte Geographie" den Raumbezug stärker in den Vordergrund rückt, während „Transdiziplinarität" auf den Aspekt Wissensintegration verstärkt abzielt. Insgesamt stellt dies jedoch keinen Widerspruch dar, wie anhand der Arbeiten über den Metropolitandistrikt Quito gezeigt werden kann.

---

[1] Studien, die „Angewandte Geographie" als Thema angeben, gibt es, jedoch fast immer auf die Anwendung von spezifischen Untersuchungsinstrumenten in einem ganz konkreten Kontext bezogen (z.B. Megerle / Vollmer 2010 mit einer Zusammenstellung von 19 Arbeiten, alle über deutschen Feldstudien, oder auch in der Bibliographie von Rohr, 1994). Dabei bleibt der übergreifende, konzeptionelle orientierte Ansatz von Rohrs oder Scholz´ unwidersprochen.

Anwendungsbezogene Konzepte auf ihre Stärken und Schwächen für ein Forschungsprojekt in der, globalen Süden" zu überprüfen, erfordert einige Überlegungen, die den Untersuchungsfortgang beeinflussen. Die erste wichtige dieser strategischen Überlegungen sind die **übergeordneten Fragestellungen**, in diesem Kontext soziale Innovation und Raumentwicklung in Metropolen.

Soziale Innovation geht in ihrem Selbstverständnis von dem Ablauf eines gesellschaftlich-kulturellen Prozesses aus. Stadtentwicklung, insbesondere in Metropolregionen der „globalen Süden", stellen hochdynamische Prozesse von **Raumveränderung** dar, die nach den bisherigen Erfahrungen verbesserter Steuerungsprozesse bedürfen.

Angewandte Geographie könnte also an dieser Ausgangslage auf beiden Ebenen ansetzen: soziale Innovation und Stadtentwicklung. Transdiziplinarität betrachtet stärker den Ablauf gesellschaftlich-kultureller Prozesse. Vor dem Hintergrund von räumlicher Diffusion von sozialen Innovationen wären dann die Aspekte Wissen / Wissensintegration in verschiedenen Institutionen und in einem zuvor definierten geographischen Raum ein zentrales Moment. DiesesReprint wissenschaftlicher Publikationen aus dem spanischen Sprachraum soll zeigen, dass eine Basis deskriptiver Arbeiten in Lateinamerika besteht (vgl. auch Bibliographie der Aufsätze), und erste Schritte zur weitergehenden Analyse der genannten Themen in die Wege geleitet wurden (vgl. Kap. 3.2).

2. Metropolregionen in Lateinamerika - und der Bezug zur Angewandten Geographie

2.1 Der geographische Rahmen: Arbeiten zur Großstädten und deren Entwicklung

Es gibt eine große Zahl von Studien, Projektformulierungen, -durchführungen und Evaluierungen, aber auch erste wissenschaftliche Untersuchungen, die eine neue Ausrichtung in der Beschäftigung mit Metropolitanzonen zeigen. Beispielhaft sollen einige genannt werden. Dabei wird eine vorläufige Gruppierung vorgenommen: stärker konzeptionell - theoretisch ausgerichtete Arbeiten auf der einen und Dokumentation von realen Projekterfahrungen auf der anderen Seite:

a) Auf der konzeptionellen Ebene sind zum Beispiel zu nennen:

- eine erste Zusammenstellung zum Stand der Umsetzung der UN Agenda zur Stadtentwicklung (NUA – New Urban Agenda; GIZ / CITE 2016) und spezifischen Empfehlungen zur Umsetzung (Barrera et al 2016a).

- Vergleichende Stadtforschung als ein Beispiel für fünf lateinamerikanische Metropolen (Buenos Aires, Mexiko, Rio de Janeiro, Santiago de Chile, Quito – sowie Madrid und Leeds als europäische Partner) steht das Projekt: „Contested Cities". Die Forschungen gehen von neoliberalen Tendenzen in der Stadtentwicklung aus, untersuchen Prozesse der Gentrifizierung und des sozialen Widerstandes (vgl. Contested Cities o.J.).

- eine Analyse der CEPAL (Comisión Económica para America Latina) zum Zusammenhang von Bevölkerungsentwicklung, Verstädterung und Territorium (CEPAL, 2012)

  Bzw. in Europa erarbeitet:

- „Stadt der Zukunft" (BMBF 2015) – eine umfassende Arbeit zum Stand der wissenschaftlichen Diskussion, mit Prioritätensetzung für weitere Forschungen

- Zahlreiche Arbeiten, die zum Themenbereich „Regional Governance" zusammengetragen sind, ein Ansatz der lokalen Regierungen als Akteure stärker in den Vordergrund rückt (z.B. Chorianopoulos 2002, Fürst 2006, Mieg, / Töpfer 2013, Preisig 2013)

b) Auf der Ebene von **Projekterfahrungen**:

Wichtige internationale Geber haben Projekte in dem Bereich „Stadt-Metropolenentwicklung" in Lateinamerika umgesetzt, sie auf verschiedenen Ebenen eines Projektmanagementzyklus dokumentiert. Zu nennen sind z.b.:

- Das URBELAC-Projekt wurde zwischen 2010 und 2013 von der EU und der Interamerikanischen Entwicklungsbank (BID) durchgeführt (EU 2012).

- Die Plattform „Emerging and Sustainable Cities Initiative" zählt Ende 2015 insgesamt 57 Mitglieder, wird vom BID unterstützt (vgl. BID o.J.).

- Das „URB AL-Projekt" wurde von der Europäischen Union seit 1995 durchgeführt und finanzierte in der letzten Projektphase (2009 – 2012) insgesamt 20 lateinamerikanisch-europäische Städtenetzwerke. Das einzige Vorhaben, das dezidiert auf der Ebene Metropolzonen und deren Einflussbereichen arbeitete, war „INTEGRATION"(vgl. URB-AL III Integration 2012), hatte als Mitglieder die Metropolitanzonen Bogota, Guadalajara, Quito, Sao Paulo, Rio de Janeiro, den mexikanische Bundesstaat Chiapas und als Koordinator Stuttgart. Zusätzlich arbeitete das Bonner Zentralbüro von ICLEI mit (URB-AL III Integration 2011).

- In „Klimapakt von Mexico" erklären weltweit 286 Gemeinden (42,3 % davon aus allen Staaten Lateinamerikas) ihre Übereinstimmung zu Zielen einer Klimapolitik auf kommunaler Ebene. (vgl. Pacto Climático Mexico).

- ICLEI (Local Goverments for Sustainability) ist das weltweit größte Netzwerk von Gemeinden, die sich einer nachhaltigen Entwicklung verpflichtet haben. Das regionale Exekutiv-Komitee hat Ende des Jahres 2014 vier Aktionslinien festgelegt: Nachhaltige Stadtentwicklung, Abfallmanagement, Intelligente Städte, Klimaanpassung und Resilienz (vgl. ICLEI; ICLEI 2015).

- Das Netz „100 resiliente Städte" wurde von der Rockefeller Stiftung initiiert und finanziell gefördert, soll weltweit Städten helfen, widerstandsfähiger gegen die ökologischen, sozialen und wirtschaftlichen Herausforderungen des 21. Jahrhunderts zu werden (vgl. Resilient Cities).

– Das „Red de Ciudades Suramericanas" (REDCISUR – Netz südamerikanischer Städte) wurde im Jahr 2012 auf Initiative der Bürgermeister von Bogota, Quito und Lima gegründet. Übergreifendes Ziel ist die Schaffung einer Plattform zum Dialog und zur Erarbeitung neuer Politikansätze, um den Herausforderungen dieser Großstädte zu begegnen.

– Eine vergleichende Betrachtung der verschiedenen Erfahrungen in der Stadtentwicklung in unterschiedlichen lateinamerikanischen Staaten (Barrera et al 2016 b).

– Die Untersuchung der internationalen Rolle einer Metropole, am Beispiel Quitos (Carrión / Dammert 2011).

– Über das 2016 begonnene EU Vorhaben „Nachhaltige und innovative Städte und Regionen in Lateinamerika" liegen noch keine dokumentierten Ergebnisse vor (EU 2016).

– Das Projekt „Connective Cities" der Deutschen Gesellschaft für Internationale Zusammenarbeit ist ein Beispiel der bilateralen Entwicklungskooperation in diesem Gebiet. Städte-Plattformen und der entsprechende Informationsaustausch sollen die Basis für innovative Lösungsansätze zu Themen von „good urban governance", integrierte Stadtentwicklung und lokale Wirtschaftsentwicklung legen (vgl. Connective Cities o.J.).

2.2 Raumveränderung der Metropolen als Entwicklungs- und Forschungsproblematik

Projekte im Bereich der Stadtentwicklung werden immer umfangreicher und inhaltlich komplexer, damit steigen auch die Anforderungen an die Planungsträger, in diesem Fall vor allen Dingen die Gemeinden. Es bedarf einer stärkeren inhaltlichen Steuerung, z.B. eines Ablauf- und Wirkungsmonitorings, was von der öffentlichen Verwaltung kaum geleistet werden kann, da es oft an Kontinuität beim Personal fehlt, gleichzeitig die Anforderungen an das Fachpersonal steigen. Im Fall von Metropolen als Landeshauptstädte wird diese Problematik noch dezidierter auftreten, da neben kommunalen Belangen auch noch nationale und regionale Zielvorstellungen existieren (u.a. Barrera et al 2016, a – b).

Deutlich wurden im Verlauf der Forschung und der Publikationen aber limitierende Faktoren:

1) Der Stellenwert des Territoriums wird überall angesprochen, aber kaum die einen Raum kennzeichnenden administrativen, ökonomischen und sozialen Faktoren analysiert (u.a. Carrión / Dammert 2011, Barrera / Novillo 2017; Grin / Bonaviento, Abruccio 2017; Red de Ciudades Suramericanos oJ). Eine Raumanalyse im eigentlichen Sinn wird nicht erarbeitet. Dabei ist zu bedenken, dass das Fach Geographie, das in Mitteleuropa sicherlich am weitest gehenden eine Raumanalyse vertritt, im gesamten hispanischen Sprachraum stark auf den Teil „physische Geographie" konzentriert ist. Von Ausnahmen abgesehen (Chile und Mexiko), existieren nur wenige Geographische Institute, im Fall von Ecuador nur eines (an der Katholischen Universität in Quito).

2) Eine Diskussion, was angewandte Wissenschaft bedeuten soll, ist auf der Ebene dokumentierter Publikationen kaum nachweisbar. Für Ecuador, das Land das hier als wesentliches Beispiel dient, kann festgestellt werden: es besteht keine Erfahrung mit dieser Art Forschung. Die hier präsentierten Arbeiten sind ein Beispiel, dass neue Entwicklungen im Bereich angewandter Wissenschaft in Gang kommen können (vgl. weitere Beiträge in diesem Band).

3) Die Notwendigkeit, dass die Universitäten stärker zur gesellschaftlichen Entwicklung der einzelnen Staaten beitragen sollen, ihre Forschung und Lehre an den lokalen / regionalen Gegebenheiten ausrichten sollen, wird an vielen Stellen diskutiert. In der Realität blieb das aber bruchstückhaft. Im Fall des Metropolitiandistrikts Quito sollte das „Instituto de la Ciudad" diese Lücke füllen, angewandte Forschung zur Stadtentwicklung fördern, die von den Universitäten nicht geleistet wurde (eigene Arbeiten Quito 2014). Ende 2018 akzeptierte die Zeitschrift schließlich auch einen Artikel zu dieser Thematik (Jardón / Gierhake 2019).

2.3 Beispiele für die Umsetzung angewandter Geographie

Das offene methodische Konzept der angewandten Geographie bietet einen adäquaten Rahmen zur Untersuchung neuer Entwicklungen, zum einen in Metropolregionen selbst in einem Feld von Zukunftsaufgaben und zum anderen deren Aktivitäten im Zusammenhang mit kommunalen Netzwerken.

Basis blieb dabei immer die ursprüngliche geographische Innovationstheorie, im Wesentlichen fokussiert auf die Aspekte: Innovator -

Diffusoren - Adaptoren sowie fördernde Faktoren und Barrieren für die Ausbreitung einer Innovation. Die Übersicht 1 zeigt die wesentlichen Faktoren in diesem Modell, sowie eine kurze Beschreibung ihres traditionellen Verständnisses und des im Rahmen der Forschung abgewandelten Bezugs.

Übersicht 1: Das Grundkonzept geographischer Innovationsprozesse und seine Anpassung an die sozialen Innovationen im Metropolitandistrikt Quito

- **Innovator**: traditionell ein Wirtschaftsunternehmen, **hier**: Municipio Distritio Metropolitano Quito

- **Innovation**: traditionell auf wirtschaftliche Innovation konzentriert, **hier**: soziale Innovation

- **Ort der Innovation**: traditionell „Europa / Nordamerika", **hier**: der Metropolitandistrikt Quito

- **Diffusoren**: traditionell Institutionen der Wirtschaft und Dienstleistungen, **hier**: Abteilungen der lokalen Verwaltung, Institutionen der Zivilgesellschaft, Universitäten

- **Adaptoren**: traditionell Wirtschaftsunternehmen, Dienstleister, Personen, **hier**: Zivilgesellschaft und deren Organisationen

- **Kommunikationskanäle**: im traditionellen Ansatz wenig untersucht; **hier**: wissenschaftliche Publikationen, Entwicklungspläne und Verordnungen.

- **Barrieren**: Diese bestehen, wo existierende Kommunikationskanäle nicht genutzt werden können. **Hier**: bisher wenig untersucht. Die konzeptionellen und administrativen Kapazitäten des Innovators und der kommunalen Netze / Kooperationspartner fördern oder behindern den Prozess der Diffusion. Universitäten und ihre Publikationskanäle, Bibliotheken und deren Kapazität zur Speicherung und Strukturierung der Daten

- **Zusammenfassung**: Der traditionelle Ansatz geht von einer Blickweise des „Nordens" aus, **hier**: Ausgangspunkt ist eine Metropolzone des „Südens".

Im Rahmen der Forschung und Publikation der Ergebnisse hatte es sich als angebracht erwiesen, den Ansatz „angewandte Geographie" mit einem oder mehreren spezifischen theoretischen Konzepten zu verbinden und auf der Grundlage dieser Konzepte dann zu verdeutlichen, wie der Dialogprozess „Wissenschaft – Gesellschaft" laufen kann. Ausgearbeitet und publiziert wurde diese Verbindung mit (immer in Verbindung von geographischen Innovationsprozessen, alle Arbeiten von Gierhake und Jardón):

- soziale Innovation von Lokalregierungen, konzentriert auf verbesserte Prozesse institutionellen Lernens, Organisierens, Planens und Fortschreibung von Planung (Jardón / Gierhake 2016; Jardón / Gierhake / Martos 2016; Gierhake / Jardón 2017)

- intellektuelles Kapital, bezogen auf Lokalregierungen (4.4)

- lokales Wissen, das sich in städtischen Zonen analysieren lässt (4.4)

- Charakteristika kreativer Territorien (4.1 / 4.2)

- geographische Erforschung von institutionellen Netzwerken (4.3)

- neue kommunalpolitische Kultur (4.1 / 4.2 / 4.3)

In jedem Fall wurde das ursprüngliche Konzept auf die grundsätzlichen Faktoren und allgemeinen Wechselwirkungen unter den Faktoren reduziert (vgl. auch Übersicht), anschließend dieses Konzept auf die neue Fragestellung angewendet sowie die ersten Ergebnisse vorgestellt (vgl. Kap 3.2) und die Rückmeldungen eingearbeitet.

Während die ersten Konzepte (soziale Innovation, intellektuelles Kapital, lokales Wissen) stärker mit der Entstehung von Innovationen verbunden sind, konzentrieren sich die letzten drei Konzepte (Charakteristika kreativer Territorien, geographische Netzwerkforschung, neue kommunalpolitische Kultur) stärker auf den Prozess der räumlichen Verbreitung einer eingeführten Innovation. Dies ist aus folgenden Gründen wichtig:

- Die bisherigen Untersuchungen zur Diffusion von Innovationen, im Regelfall auf ökonomische Innovationen konzentriert, gehen von einem fast automatischen räumlichen Ausbreitungsprozess aus, wenn rational wirtschaftliche Faktoren gegeben sind (z.B. Kostenersparniss, Zeitgewinn).

- Bisherige Erfahrungen mit der Einführung wirtschaftlich - technischer Neuerungen in Lateinamerika haben aber gezeigt, dass diese Annahme eines quasi automatischen Prozesses nicht zutrifft.

- Die den Diffusionsprozess fördernde Faktoren oder Barrieren verdienen in Lateinamerika mehr Beachtung, da es Anzeichen gibt, dass eine Reihe von gesellschaftlichen, politischen und sozialen Faktoren größeren Einfluss haben.

- Dies gilt umso mehr, wenn es sich um soziale Innovationen handelt, die per se keine direkten Gewinnabsichten beinhalten und auch nicht über Patente geschützt werden könnten.

- Daher werden die Akteure eines solchen Diffusionsprozesses eher Institutionen der Lokalregierung oder der Zivilgesellschaft sein. Deren Handlungslogik unterscheidet sich von wirtschaftlich arbeitenden Institutionen (vgl. die abgedruckten Arbeiten in diesem Buch bzw. auch. Gierhake 2015; Gierhake / Jardón 2015, 2016, 2017, 2019; Jardón / Gierhake 2016, 2017, 2019, 2020).

3. Der Rahmen für die Forschung

3.1 Organisatorischer Rahmen

Die Forschungsergebnisse stellen einen Teil des Programms „Prometeo" der Regierung Ecuadors dar. Mit diesem Programm warb Ecuador um internationale Postdoc Wissenschaftler, die ein Forschungsprojekt vorschlagen mussten, das innerhalb der Prioritäten des Nationalen Entwicklungsplanes Ecuadors angesiedelt war, und zwar in den folgenden Bereichen: Wissensgesellschaft, Vorschläge zur Innovation, Wissenschaft und Technologieentwicklung.

Mit dem Vorschlag eines Forschungsprojektes zur Aktualisierung der traditionellen Geographischen Innovationstheorie am Beispiel des Metropolitandistriktes Quito sind drei von vier dieser zuvor genannten übergeordneten Ziele aufgenommen worden, es wurden zudem folgende Teilziele integriert:

Ziel 1	Diversifizierung der Eigentums- und Produktionsformen
Ziel 2	Transformation der Wirtschaft
Ziel 4	Integration in die Weltwirtschaft und die lateinamerikanische Integration
Ziel 5	Transformation der Universitätsausbildung
Ziel 6	Schaffung einer Gesellschaft der Information
Ziel 9	Raumordnung und Dezentralisierung
Ziel 12	Verstärkung des Einflusses der Bürger (http://www.indesgua.org.gt/ecuador-prometeo-residencias-de-investigacion-cientifica/).

Zudem stellt der Aspekt „Raumentwicklung" in dem Nationalen Entwicklungsplan eine Querschnittsfunktion über verschiedene Teilziele dar.

Alle Forschungsvorhaben mussten in einer öffentlichen Universität des Landes angesiedelt sein, in dem konkreten Fall die Zentraluniversität Ecuadors und dort das Vizerektorat für Forschung und internationale Beziehungen. Angedacht war ein zweiter institutioneller Partner, prinzipiell im Prometeo-Forschungsprogramm möglich und auch erwünscht, in diesem

Fall die Verwaltung der Metropolitanzone Quito. Dies hätte die Ausrichtung auf angewandte Forschung, und zwar den konstanten Dialog zwischen Wissenschaft und Gesellschaft, institutionell unterstrichen. Auf Grund des Regierungswechsels im Frühjahr 2014 und einer umfassenden programmatischen Neuausrichtung der Gemeindepolitik konnte die Gemeinde nicht mehr formell in das Forschungsprojekt integriert werden (vgl. Kap. 2.2 zur Rolle des „Instituto de la Ciudad"). Der Diskussionsprozess wurde mit relevanten Funktionären aus allen Abteilungen der Administration des Bürgermeisters Barrera geführt, die für die raumbezogene Entwicklungspolitik wichtig waren (vgl. Liste der Interviews in den verschiedenen Institutionen, in jeder Bibliographie der vorstellten Studien).

Auf der Ebene der Aufbau-Organisation reflektiert das Prometeo-Programm in Ecuador damit deutlich die Verbindung zur erklärten Absicht „Forschung im Einklang mit den nationalen Entwicklungszielen". Auf der Ebene der Ablauforganisation fehlten jedoch bereits die Grundlagen, um einen Diskussionsprozess über die Ergebnisse in die Wege zu leiten. Die Fortschrittsberichte zu jedem Einzelprojekt konzentrierten sich auf rein quantitative Indikatoren (Zahl von Vorträgen / Zuhörern, usw.). Es bestand keine Plattform (z.B. elektronische Bibliothek), auf der Publikationen eingestellt werden konnten. Damit fehlte von der nationalen (ecuadorianischen) Seite schon die Basis, die Kenntnisse oder gar die Nutzung der Forschungsergebnisse irgendwie strukturiert nachverfolgen zu können. Diese Arbeit setzt an dieser Problematik an: die Nutzung einer europäischen elektronischen Bibliothek und deren internationaler Vernetzung als ein erster Schritt, um im lateinamerikanischen Raum publizierte Ergebnisse einer weiteren Öffentlichkeit zugänglich zu machen. Es ist aber auch ein erster Schritt für eine Analyse der Wirkungen ecuadorianischer Forschungspolitik. Vor dem Hintergrund des methodischen Rahmens des spezifischen Forschungsprojektes zur „Geographischen Innovation in Quito" trägt diese Publikation zu einer Diffusion der Ergebnisse in einem neuen Raum bei.

3.2   Der räumliche Rahmen für Forschung und Publikation

In diesem Zusammenhang sind zwei Aspekte zu unterscheiden: 1) die eigentliche Feldforschung und 2) die Vorstellung und Publikation der Ergebnisse.

Ausgehend von dem organisatorischen Rahmen konzentriert sich die **Forschung** zwangsläufig auf den **Metropolitandistrikt Quito**. Diese allgemeine Ausgangslage wurde in allen einzelnen Publikationen dargestellt.

Der zweite Aspekt des räumlichen Rahmens betrifft die **Vorträge und Publikationen und die jeweiligen Orte**. Dies ist insofern wichtig, da bei der Feldforschung davon ausgegangen wurde, dass es sich bei der Kommunalentwicklung Metropolitandistrikt Quito um eine Innovation, speziell auch um eine „Innovation aus dem globalen Süden", handeln könnte, sodass die **Vorstellung / Publikation der Ergebnisse** auch mit der räumlichen Diffusion der Ergebnisse verbunden ist.

Wichtig ist, dass die Zwischenergebnisse der Forschung im Rahmen verschiedener internationaler Seminare vorgestellt und diskutiert wurden, im Einzelnen:

– im Fachbereich Geographie der Humboldt Universität Berlin

– im Rahmen des Internationalen Masterstudiengangs Anpassung an den Klimawandel an der Justus Liebig Universität Giessen

– während des Internationalen Seminars des Arbeitskreises Stadtentwicklung der MERCOSUR Staaten in Posadas / Argentinien

– an der Universität Gaston Dachary in Posadas / Argentinien, Fachbereich Wirtschaft

– an der Universität San Marcos, Lima / Peru, Fachbereich Geographie

– in der Universität Federico Villareal Lima / Peru, im Rahmen eines internationalen Kolloquiums für alle Fachbereiche

– am „Colegio de Jalisco" (gemeinnützige Einrichtung des Staates Jalisco zur beruflichen Fortbildung) im Rahmen des Postgraduiertenstudiums „Gesundheitsmanagement („Bienestar Actual y Futuro") in Guadalajara / Mexiko

– bei der Gesellschaft für Geographie und Statistik Jalisco ("Benemérita Sociedad de Geografía y Es-tadística del Estado de Jalisco"), Guadalajara / Mexiko, im Rahmen der Ringvorlesung „Catedra Latino-americana Valentín Gómez Farías", die dem Wissensaustausch innerhalb Lateinamerikas dienen soll.

Diese aufgebauten Kontakte konnten dann im Rahmen von Publikationen weiter ausgebaut werden. Die „Universidad Nacional de Misiones" (Posadas) publizierte im Rahmen der Zeitschrift „Vision del Futuro" zwei Arbeiten; an der Universität von Guadalajara (Mexico) konnte im Rahmen der Zeitschrift „Mexico y la Cuenca del Pacífico" eine Vergleichsstudie zu räumlichen Faktoren für Kreativität in den beiden Metropolitanzonen Guadalajara und Quito veröffentlicht werden. Weiterhin erschienen an der Justus-Liebig-Universität Gießen sechs „Diskussionspapiere" zu verschiedenen Aspekten des Innovationsprozesses. Dabei wurden auch vergleichende Entwicklungen in Cartagena de Indias, Bogotá (Kolumbien), Mexiko Stadt und Montevideo (Uruguay) dargestellt.

Ein Sammelband der Universität Vigo zum Prozess sozialer Innovation in Lateinamerika fasst Beiträge aus folgenden Staaten zusammen: Argentinien, Bolivien, Brasilien, Ecuador, Kolumbien, Mexiko. Einzelne Beiträge wurden weiterhin publiziert in: Argentinien (Universität Tucumán), Bolivien (Universität René Gabriel Moreno), Ecuador (Stadtforschungsinstitut Quito), Spanien (Universität Alcalá) und Mexiko (FLACSO – Lateinamerikanische Universität für Sozialwissenschaften, vgl. alle Publikationen Gierhake und Jardón, zwischen 2015 und 2020)

Vor dem Hintergrund der geographischen Innovationstheorie können die Vorträge und Publikationen auf der Ebene der „Diffusion von Innovationen" verortet werden, so wird ein neuer Inhalt wird einer breiteren Öffentlichkeit vorgestellt. Dies erlaubt noch keine Aussage über die Adaption, die letztendliche Nutzung der Forschungsergebnisse auf der Ebene von Gemeindeplanung. Es kann jedoch davon ausgegangen werden, dass ein breiterer Diffusionsprozess, der eine größere Zahl von Akteuren auf dieser Ebene zur Folge hat, die Wahrscheinlichkeit von einer späteren Nutzung der Innovation erhöhen wird.

Unterhalb dieser allgemeinen Einordnung können nun weitere verschiedene Ebenen betrachtet werden. Auf der Ebene Autoren hat der Prozess der verschiedenen Vorträge / Publikationen zu einer Verfeinerung der Diskussionsführung geführt: Dabei war schon alleine das Arbeiten in zwei Ausgangssprachen (Deutsch / Spanisch) immer wieder die Basis, um Kommentare Dritter in die jeweils andere Sprache zu übersetzen und / oder die Begrifflichkeit und Diskussionsführung zu überprüfen und ggf. zu verbessern.

Auf der Ebene der Leser existieren „Hilfsindikatoren" zur möglichen Nutzung der Arbeiten, z.B. die Zahl der Internetplattformen, über die die hier zitierten Fachaufsätze aus Lateinamerika erreicht werden können. Als Beispiele können dienen:

Es gibt verschiedene Online-Bibliotheken. Am bekanntesten in Deutschland sind wahrscheinlich die Deutsche Nationalbibliothek (https://portal.dnb.de/) und die elektronischen Bibliotheken, die im Prinzip jede Universität eingerichtet hat (z.B. die Elektronische Bibliothek Giessen unter https://hds.hebis.de/).

Internationale Netzwerke sind eine weitere Ebene, auf der wissenschaftliche Arbeiten und die Zahl der Leser nachverfolgt werden können, als Beispiele:

- Researchgate: https://www.researchgate.net/login

- Academia Edu: https://www.academia.edu/

- Econ Stor:
  https://www.econstor.eu/bitstream/10419/126163/1/846208180.pdf ,

- Econ Papers: https://econpapers.repec.org/paper/zbwzeudps/

- Econbiz: https://www.econbiz.de/Record/lokales-wissen-ein-faktor-f%C3%BCr-soziale-innovation-kommunalplanung-in-quito-ecuador-gierhake-klaus/10011338173.

Diese Plattformen geben keine Hinweise auf die Publikationen in lateinamerikanischen Fachzeitschriften, sofern es sich nicht um Arbeiten handelt, die vom Autor selbst eingestellt wurden.

In Lateinamerika selbst ergibt sich ein anderes Bild. Nachfolgend sind die Plattformen aufgeführt, auf denen die hier vorgestellten Arbeiten nachgewiesen sind:

Mexiko:

- http://www.scielo.org.mx/pdf/mcp/v6n16/2007-5308-mcp-6-16-00051.pdf

- http://www.mexicoylacuencadelpacifico.cucsh.udg.mx/index.php/mc/article/view/521/517

- https://biblat.unam.mx/en/revista/mexico-y-la-cuenca-del-pacifico/articulo/ciudades-creativas-en-el-pacifico-latinoamericanolatitud-norte-0-20-quito-guadalajara

Bolivien:

- https://www.iies.uagrm.edu.bo/vol-3-no-2-2018-redes-municipales-como-instrumento-para-difundir-innovaciones-sociales-el-distrito-metropolitano-de-quito-como-territorio-creativo/
- http://www.revistasbolivianas.org.bo/scielo.php?script=sci_arttext&pid=S2415-22502017000200005&lng=es&nrm=iso

Argentinien:

- http://revistacientifica.fce.unam.edu.ar/

Ecuador:

- http://www.institutodelaciudad.com.ec/publicaciones/revistas.html

Lateinamerika insgesamt (Auswahl):

- https://www.doaj.org/
- https://www.latindex.unam.mx/
- http://www.caicyt-conicet.gov.ar/sitio/
- http://www.redalyc.org/home.oa
- https://www.semanticscholar.org/paper/El-conocimiento-local-como-factor-de-innovaci%C3%B3n-el-Jard%C3%B3n-Gierhake/8307b513e94ffdac94190725ba4fcf0a15ea15e5
- https://ideas.repec.org/a/grm/oikosp/201704.html

Ein weiterer Schritt zur Bewertung des Diffusionsprozesses waren die Zahlen, die wiedergeben, welche Arbeiten „angeklickt" und / oder Leser auf ihre privaten Computer geladen haben. Diese Zahlen zusammenzustellen wäre eine gesonderte Arbeit; es existieren bei fast allen internationalen Fachzeitschriften elektronische Ausgaben, manchmal mit Zugriffszahlen auf die Artikel, manchmal ohne. Dabei stellt die bloße Identifikation einer wissenschaftlichen Quelle (das „Anklicken") noch keine Basis dar, um mögliche Lektüre und die aktive Nutzung dieses Wissens anzunehmen. Eine Analyse der Zahl der Zitate in anderen Arbeiten wäre ein potentiell aussagestarker Indikator. Doch ist die verstrichene Zeit von ein bis zwei Jahren nach den Publikationen in den Fachzeitschriften noch zu kurz, um im größeren Umfang Zitate in anderen Arbeiten erwarten zu können.

4. Zusammenfassung des Reprints der spanischsprachigen Fachaufsätze

4.1 „Indicadores de Ciudades Creativas: una aplicación al Distrito Metropolitano Quito (Zeitschrift: Visión del Futuro / Argentinien)

In dieser Studie wird ein ursprünglich europäisches Konzept über räumliche Faktoren kreativer Territorien auf den Metropolitandistrikt Quito bezogen. Dabei werden die bestehenden Indikatoren, die auf der Basis wirtschaftlicher Innovationen entwickelt wurden, auf die soziale Innovation im Bereich der Lokalregierung Quito bezogen. Die bestehenden Indikatoren kreativer Territorien sind um Indikatoren im Bereich Kommunikation zwischen Regierung und Bürgertum und Elemente neuer Kommunalpolitik ergänzt. Mit diesem letzten Schritt wird auch eine erste konkrete empirische Überprüfung geleistet, wie Elemente einer neuen Kultur von Kommunalpolitik in der Realität sich darstellen und analysiert werden können. Als wesentliche Ergebnisse sind zu nennen: Der „doppelte Transfer" (von wirtschaftlicher zu sozialer Innovation, von Europa nach Lateinamerika) zeigt nachvollziehbare Ergebnisse, die für zukünftige lokale Entwicklungspolitiken wichtig werden können. Der umfassende Modernisierungsprozess der Lokalregierung Quito lässt sich mit den verwendeten Indikatoren erklären und in Teilabschnitte untergliedern.

4.2 Ciudades creativas en el Pacifico latinoamericano latiud norte 0-20o…" (Zeitschrift: Mexico y la Cuenca del Pacífico / Mexico)

Diese Studie vergleicht die beiden Städte Quito (Ecuador) und Guadalajara (Mexico) auf der Grundlage der Kriterien für kreative Territorien. Sie stellt in gewisser Weise eine räumliche Erweiterung der unter 4.1 vorgestellten Studie dar.

Zentrale Ergebnisse sind: das in Europa entwickelte Konzept kreativer Städte kann auf die Situation in Lateinamerika bezogen werden, dieses Konzept bietet auch eine Erklärung für die Perspektive sozialer Innovation. Mit diesem Konzept lassen sich unterschiedliche lokale Entwicklungen in zwei Metropolen darstellen, die beide dem UNESCO Netzwerk kreativer Städte angehören. Die ursprüngliche Liste der Indikatoren kreativer Städte wurde um drei Kriterien erweitert (Kommunikation – Interaktion mit der lokalen

Gesellschaft, Instrumente der Kommunikation und neue kommunalpolitische Kultur). Diese in anderem Kontext erarbeiteten Indikatoren lassen sich sinnvoll mit der Perspektive „soziale Innovation durch die Lokalregierung" verbinden, ermöglichen in beiden Fällen auch Erklärungen, warum es zu unterschiedlichen Ausprägungen sozialer Innovation in diesen beiden Städten kam.

4.3 El conocimiento local como factor para la innovacion social, el caso del distrito municipial de Quito (Zeitschrift: Journal of Regional Research – Investigaciones regionales, Spanien)

Soziale Innovationen werden häufig als Schlüsselelement zur räumlichen Entwicklung dargestellt, gerade in Ländern der Dritten Welt. Diese Arbeit untersucht verschiedene Ausdrucksformen lokalen Wissens in offiziellen Dokumenten zur Entwicklung der Metropolitanzone Quito (Ecuador) als eine wesentliche Grundlage zur Einführung und Umsetzung sozialer Innovationen auf der Ebene der Lokalregierung. Dabei wird das lokale Wissen in den Kategorien Human-, Struktur- und Beziehungskapital untersucht. Der ursprünglich für die wirtschaftliche Entwicklung ganzer Staaten konzipierte Ansatz intellektuellen Kapitals kann mit moderaten Modifikationen auf der Ebene der Indikatoren für diesen Untersuchungsansatz nutzbar gemacht werden. Die vielfältigen Wechselwirkungen zwischen den Ausprägungsformen lokalen Wissens in der Gemeinde Quito und den eingeführten sozialen Innovationen können empirisch belegt werden.

4.4 Redes municipales como Instrumento para difundir Innovaciones Sociales: El Distrito Metropolitano Quito como Territorio creativo (Zeitschrift: Oikos Polis, Revista latinoamericana de Ciencias Económicas y Sociales, Bolivien)

Städtenetzwerke können von ihrer institutionellen Struktur interessante Akteure für den Diffusionsprozess sozialer Innovationen sein. Dies betrifft vor allen Dingen soziale Innovationen, konzentriert auf die Kapazitäten von Lernen, Organisieren, Planen der jeweiligen Lokalregierungen. Innerhalb der großen Masse von Lokalregierungen als potentielle Akteure sind die der großen Metropolen von herausgehobenem Interesse, da sie in der Regel in einer größeren Zahl von Netzwerken organisiert sind und auch an internationalen Netzen teilnehmen. Ausgehend von diesen Grundüberlegungen wird der Fall des Metropolitandistriktes Quito untersucht. Es lässt sich zeigen, dass die Theorie Geographischer Netzwerke auf den Fall sozialer Innovationen anwendbar ist und für Potentiale / Limitierungen im Prozess der Diffusion Erklärungsansätze anbietet.

4.5   Fazit

Der allgemeine Ansatz zur Konzeption von „Angewandter Geographie" und seine Aktualisierung im Rahmen von „Transdiziplinarität" konnten auf der Basis verschiedener Arbeiten als plausible Methode zur Analyse sozialer Innovation in Quito eingesetzt werden (z.B. Gierhake / Jardón 2019 b). Dabei ist es als erstes Ergebnis möglich, potentielle Kanäle der Verbreitung der Forschungsergebnisse, eben die Diffusion der zentralen Nachricht „soziale Innovation aus dem globalen Süden", zu identifizieren. Auf der Basis dieser stichpunktartigen Überprüfung kann davon ausgegangen werden, dass eine räumliche Diffusion der Forschungsergebnisse begonnen hat. Die Orte der Vorträge und der Publikationen sind erste Indikatoren. Es wäre in diesem Fall zum größeren Teil die Diffusion in einem virtuellen Raum (Internet). Dieser Aspekt einer neuen Raumkategorie wird in einer der spanischsprachigen Arbeiten bereits angesprochen (Kap. 4.3). Inwieweit die virtuellen Räume des Internets Veränderungen in den Prozessen auf Diffusion und Adaption von Innovationsprozessen bewirken können, wäre Thema einer gesonderten Untersuchung.

Es ist nachvollziehbar, dass die Verbreitung spanisch sprachiger Forschungsergebnisse in Lateinamerika umfangreicher ist als in Deutschland. Ein Bruch besteht offensichtlich im Austausch über Fachartikel auf der Ebene großer Universitätskataloge. So sind im „Karlsruher Katalog" die in diesem Zusammenhang vorgestellten Artikel nur im Ausnahmefall, höchstens in einer deutschen Universität, nachgewiesen.

Zwischen konkreten Fortschritten in der Umsetzung lokaler, fachübergreifender Entwicklungspolitik in Lateinamerika und dokumentierten Resultaten auf der Ebene theoretisch konzeptioneller Modelle in Europa besteht offensichtlich ein Potential von Synergien. Dies ist bereits angesprochen (vgl. die Arbeiten in Kapitel 4.1 / 4.2 / 4.3 / 4.4). Diese Veröffentlichung ist ein weiterer Baustein, den Prozess eines konstanten Dialogs zwischen Wissenschaft und Gesellschaft fortzuführen, dabei darzustellen, welche Fortschritte diesbezüglich in Veröffentlichungen aus Lateinamerika / Spanien publiziert und im deutschen Sprachraum wenig registriert wurden.

Die Wirkungen des Publikationsprozesses sind allgemein nicht einfach zu analysieren. Der Bereich „Wirkungsanalysen" (Wirkungsmonitoring) hat für fast alle internationalen Institutionen Priorität, ist im Bereich der realen Umsetzung jedoch wenig entwickelt. Es bestehen wenige (keine) empirischen Erfahrungen zur Wirkung von wissenschaftlichen Studien auf konkrete Politikentwicklung im Bereich Angewandter Geographie, zumal in der Dritten Welt. Eine weitere Beurteilung würde umfangreiche Forschungen erfordern, die auch Themen wie Variablen und Indikatoren zur Wirkungsmessung klären muss.

5. Literaturhinweise

Barrera, A., Espinoza, I; Suarez Buitron, G, Olmedo, P. (2016 a): Recomendaciones y lineamientos de política, in: GIZ-CITE: La implementación de la Nueva Agenda Urbana. Experiencias y aportes desde America Latina, Quito, S. 229 - 242

Barrera, A., Espinoza, I; Suarez Buitron, G, Olmedo, P. (2016 b): Una lectura transversal: análisis y conclusiones de los casos, in: GIZ-CITE: La implementación de la Nueva Agenda Urbana. Experiencias y aportes desde America Latina, Quito, S. 203 - 228

Barrera, A., Novillo, N. (2016): El gobierno de las grandes ciudades: Gestión y modelo territorial. El caso del Distrito Metropolitano de Quito S. 145 – 174

Bernstein, J. H. (2015). Transdisciplinarity: A Review of Its Origins, Development, and Current Issues. Journal of Research Practice (JRP), 11(1), 1–19.

BID (Banco Interamericano de Desarrollo): Emerging and Sustainable Cities initative

http://www.iadb.org/en/topcis/emerging-and-sustainable-cities/emerging-and-sustainable-cities-iniative,6656htm

BMZ (Bundesministerium für Bildung und Forschung 2015): Zukunftsstadt – Strategische Forschungs- und Innovationsagenda, Bonn

Carrión, F., Dammert, M. (Hrsg. 2011): Quito – Metropoli mundo? Quito

CEPAL (Comisión Económica de América Latina, 2012): Población, territorio y desarrollo sostenible, Santiago de Chile

Chorianopoulos, I (2002): Patterns of divergent competitive and networking orientation in urban Europe – Examples from RECITE programme, in: Fürst, D. / Knieling, J. (Hrsg.): Regional Governance. New Models of Self Governance in the European Community, Hannover, S.53 - 58

Connective Cities (o.J.): Internet Präsentation des Programmes, http://www.conective-cities.net

Contested Cities (o.J.): Internet Präsentation des Programmes und erster Publikationen aus dem Programm, http://contested-cities.net/queescontestedcities

EU: URBELAC Network (2012): Sustainable an integrated urban development in Latin America and Caribbean Cities, Brüssel

Fürst, D. (2006): Regional Governance – ein Überblick, in: Kleinfeld, R. / Plamper, H. / Huber, A (Hrsg.): Regional Governance, Band 1, Steuerung, Koordination und Kommunikation in regionalen Netzwerken als neue Form des Regierens, Osnabrück, S. 37 – 59

Gierhake, K. (2016) Metropolregionen – Kooperationen und Zukunftsaufgaben: Diffusion sozialer Innovation im Raum, am Beispiel von Quito (Ecuador), Gießen

https://nbn-resolving.org/urn:nbn:de:hebis:26-opus-120236

Gierhake, K. / Jardón, C. (2015) Lokales Wissen – ein Faktor für soziale Innovation. Kommunalplanung in Quito (Ecuador),

https://nbn-resolving.org/urn:nbn:de:hebis:26-opus-117374

Gierhake, K. / Curiel Ballesteros, A (2017): Ciudades Creativas en el Pacífico Latinoamericano Latitud Norte 0-20° (Quito-Guadalajara), in: Revista "México y la Cuenca del Pacífico" , Universität Guadalajara, 1 / 2017, S. 51 - 77

Gierhake, K. / Jardón, C (2016): Territorium und Kreativität – Kommunale Entwicklungspolitik im Metropolitandistrikt Quito (2009 – 2014), Giessen

Gierhake, K. / Jardón, C. (2017): Indicadores de Territorios Creativos – una Aplicación al Distrito Metropolitano Quito, in: Revista Visión de Futuro / Argentinien, Vol 21, Nr. 1, S. 151 – 171

Gierhake, K. / Jardón, C. (2019): Redes municpales como instrumento para difundir innovaciones sociales: El caso del distrito metropolitano de Quito, in: 'Oikos Polis', Revista Latinoamericana de Ciencias Económicas y Sociales, St. Cruz, Cuadero 2, S. 1 – 46

GIZ / CITE (Gesellschaft für internationale Zusammenarbeit / Centro de Investigaciones de Políticas Públicas y Territorio – 2016): La implementación de la Nueva Agenda Urbana. Experiencias y aportes desde America Latina, Quito

Grin, E.J.; Bonivento, J. H.; Abrucio, F. (2017 - Hrsg.): El gobierno de las grandes CIUDADES El Gobierno - Gobernanza y Descentralización en las Metrópolis de América Latina, Santiago de Chile

ICLEI (Local Governments for Sustainability): http://www.iclei.org/about/who-is-iclei.html

ICLEI (2015): Mitglieder und Programm in Südamerika, http://sams.iclei.org/es/noticias/noticias/arquivo-de-noticias/2015/reunión-rexcom-congreso-mundial-2015.html

Jardón, C. / Gierhake, K. (2016): El conocimiento local como factor de innovación social: el caso del Distrio Metropolitano Quito, in: Jardón, C. / Gierhake, K. / Martos, M.A. (Hrsg.): Innovación Social y Conocimiento Local en América Latina, Vigo, S. 219 – 262

Jardón, C. / Gierhake, K. / Martos, M.A. (2016): El conocimiento local como fuente de innovación social desde un enfoque territorial, in: Jardón, C. / Gierhake, K. / Martos, M.A. (Hrsg.): Innovación Social y Conocimiento Local en América Latina, Vigo, S. 2 – 15

Jardón, C. / Gierhake, K. / Matos, S. M (Hrsg. . 2016): Innovación social y conocimiento local en América Latina, Vigo

Jardón, C. / Gierhake, K. (2017): . El conocimiento local como factor de innovación social: in: Revista de Investigaciones Regionales (Asociación Espanola Ciencia Regional / Universidad de Alacalá), Nr 28, S. 67 - 90

Jardón, C. / Gierhake, K. (2017): Conocimiento local y entornos creativos, in: Oikos Polis, Revista Latinoamericana de Ciencias Económicas y Sociales, Vol. 2, Nr. 1, S. 105 - 140 Sta Cruz de la Sierra,

Jardón, C. / Gierhake, K. (2019) Conocimiento local en territorios creativos: el caso del Distrito Metropolitano de Quito, Revista Cuestiones Urbanas, Instituto de la Ciudad Quito, Quito, Vol 6 No 1, S. 1 - 35

Jardón, C. / Gierhake, K. (Jan 2020): Innovación social y territorio en municipios: el caso del DMQ, akzeptiert bei: Perfiles Latinoamericanos, Revista de la Facultad Latinoamericana de Ciencias Sociales, Sede México, Mexico

Grin, E.J.; Bonviento, J.H.; Abruccio, F. (Hrsg. – 2017) El gobierno de las grandes ciudades. Gobernanza y Descentralización en las Metrópolis de America Latina, Stgo Chile

Megerle, H.; Vollmer, L.-M. (Hrsg. - 2010): Angewandte Geographie – aktuelle Raumentwicklungsstrategien und Lösungsansätze umweltbezogener Problemfelder, Tübingen, S. 53 – 68 (=Tübinger Geographische Studien, H. 149)

Mieg, H. / Töpfer, K. (Hrsg. - 2013): Institutional and Social Innovation for Sustainable Urban Development, London

Pacto Climático Mexico: http://www.mexicocitypact.org

Red de Ciudades Suramericanas (o.J.)
http://www.bogota.gov.co/internacional/red-de-ciudades suramericanas,: Bogotá

Preisig, T. (2013): Metropol-Regional-Planung. Chancen und Risiken einer Zusammenführung von Metropol-regionen und Raumplanung, Detmold

Resilient Cities: http://www.100resilientcities.org

Scholz, R. (2013): Transdisciplinary, in: Mieg, H. / Töpfer, K. (Hrsg): Institutional and Social Innovation for Sustainable Urban Development, London, S. 305 - 322

von Rohr, G. H. (1994): Angewandte Geographie, Braunschweig

Yoguel, G., Borello, J., & Erbes, A. (2009). Argentina: cómo estudiar y actuar sobre los sistemas locales de innovación. Revista de La CEPAL. Comisión Económica para América Latina y el Caribe (CEPAL).

Vergara, A., Gierhake, K., Jardón, C., Hernández, J., Vidal, A., Carranza, E. (2015): Espacio Público en Latinoamérica: de la fragmentación espacial y la segregación social hacia la cohesión territorial. Nuevos retos a viejos problemas, Gießen

https://nbn-resolving.org/urn:nbn:de:hebis:26-opus-117390

Carlos M. Jardon[1], Klaus Gierhake[2]

(2017)

El conocimiento local como factor de innovación social: el caso del distrito municipal de Quito / Local knowledge as social innovation factor: The case of municipal district of Quito

This article has been originally published in:

Journal of Regional Research / Investigaciones Regionales **38** 67-90

https://investigacionesregionales.org/en/article/local-knowledge-as-social-innovation-factor-the-case-of-municipal-district-of-quito/

---

[1] Departamento de Economía Aplicada-ECOBAS. Campus de Lagoas Marcosende s/n., Universidad de Vigo (España). Idab. National Research University Higher School of Economics. Perm (Russia). cjardon@uvigo.es.
[2] Centro de Desarrollo y Medio ambiente. Universidad de Giessen (Alemania). gierhake@gmail.com.

Resumen

La innovación social es clave para la mejora de los territorios, especialmente en los países en vías de desarrollo. Este trabajo analiza los elementos de conocimiento local que facilitan la generación de innovaciones sociales en el caso del Distrito Municipal de Quito (DMQ). El conocimiento local se analiza en sus tres dimensiones: humano, estructural y relacional. Se muestra que todas ellas son fuente de innovaciones sociales, estando en la base de la reforma organizativa, de la estructura territorial, de la agenda digital y del proceso de difusión de estas innovaciones a otros territorios.

Palabras clave: territorio; conocimiento local; innovación social; Distrito metropolitano de Quito.

Abstract

Social innovation is key to improving the territories, especially in developing countries. This paper analyzes the elements of local knowledge that facilitate the generation of social innovations in the case of the Municipal District of Quito (DMQ). Local knowledge is analyzed in three dimensions: human, structural and relational. It is shown that all of them are a source of social innovations, being at the base of the organizational reform, territorial structure, the digital agenda and the process of diffusion of these innovations to other territories.

Keywords: territory; local knowledge; social innovation; Metropolitan District of Quito.

1. Introducción

En el marco de la conferencia de Río de 1992, las Naciones Unidas aprobaron un plan de acción mundial para que las políticas económicas de los países promovieran el desarrollo sostenible (UN, 1992), generando un interés específico por el desarrollo sostenible en todos los países. El conocimiento local, formado por los activos intangibles en el ámbito de un territorio es fuente de desarrollo sostenible (Acampora y Fonte, 2007). El conocimiento local se ha ido forjando a lo largo de la historia por una serie de tradiciones y conocimientos que han permitido a los habitantes del territorio adaptarse a los cambios medioambientales, ha establecido ventajas de diferenciación, posibilitando la generación de riqueza y, normalmente, ha llevado a generar efectos positivos en toda la sociedad local. En consecuencia, se espera que el conocimiento local sea fuente de desarrollo sustentable, considerado en ese triple aspecto: mejora económica, social y medioambiental (Placet, Anderson y Fowler, 2005).

Para mantener ese desarrollo sustentable, es necesario que el territorio se transforme en un entorno creativo (Butzin, 2000), que fomente las innovaciones que son, generalmente, una de las principales fuentes de ese desarrollo (Ketelhöhn y Ogliastri, 2013), y base del aprendizaje de las organizaciones, llegándose a denominar regiones que aprenden (Florida, 1995). Todas las regiones han estado aprendiendo a lo largo de su historia, pero solo aquellas que han conservado una capacidad de ir enriqueciendo sus actitudes con innovaciones, es decir, aquellas que están unidas al protagonismo del conocimiento y del aprendizaje colectivo han conseguido mantener ese estatus. Aún son poco conocidos los factores que facilitan la conversión de un territorio en una región que aprende, puesto que los criterios empleados no fueron suficientes para explicar el avance de la innovación con sus peculiaridades específicas y, como consecuencia, no se han podido sistematizar los factores determinantes para que ciertas regiones tengan más éxito que otras. Este trabajo combina un enfoque geográfico con la visión de conocimiento local delimitando aspectos complementarios y sugiriendo respuestas a esas cuestiones.

Las actuaciones específicas a nivel territorial cercano a las personas, tales como los municipios, suelen tener un efecto más permanente y eficaz que aquellas más generales (FEMP, 2011). Es más fácil y eficiente analizar el conocimiento local en ese entorno puesto que en él van a ocurrir las principales trasformaciones territoriales y sociales. Por ese motivo, haremos uso del Distrito Metropolitano Quito (DMQ) como caso de estudio.

Por consiguiente, este trabajo tiene por objetivo detectar aquellos elementos de conocimiento local existentes en un territorio y determinar si generan innovaciones sociales. Para ello, estudiamos los elementos de conocimiento local y de innovación social y proponemos las posibles relaciones existentes entre ambos conceptos en municipios de países en vías de desarrollo en el marco del DMQ.

Existen trabajos previos de capital intelectual en países y regiones, (Seleim y Bontis, 2013; Tawy y Tollington, 2012), aunque son escasos los estudios a nivel municipal por la dificultad de obtener información fiable. Paralelamente, existen trabajos que analizan la innovación social, específicamente en Latinoamérica (Rodríguez

Herrera y Alvarado Ugarte, 2008). También existen estudios que relacionan el capital intelectual y la innovación (Santos-Rodrigues, Figueroa, Jardon y Dorrego, 2010), si bien no están centrados en la innovación social ni orientados a territorios municipales. Este trabajo cubre, en parte, ese hueco.

El esquema del trabajo continúa de la siguiente forma: En primer lugar, se estudia el marco teórico del conocimiento local y la innovación social, analizando dichos conceptos y su relación en el territorio. A continuación, se expone la metodología seguida en el trabajo, Después, se analiza el caso del DMQ a la luz de las teorías expuestas previamente, con idea de adaptar los conceptos a ese territorio y estudiar la validez de las hipótesis básicas de interrelación entre los diferentes aspectos. Finalmente, se exponen las conclusiones.

2. Marco teórico

2.1 Innovación social

La innovación social «ha de referirse a valores sociales, por ejemplo el bienestar, la calidad de vida, la inclusión social, la solidaridad, la participación ciudadana, la calidad medioambiental, la atención sanitaria, la eficiencia de los servicios públicos o el nivel educativo de una sociedad» (Echeverría, 2008:610). Rodríguez Herrera y Alvarado Ugarte (2008) sugieren que las innovaciones sociales deben incluir algún tipo de repercusión social, puesto que debe beneficiar a un grupo significativo de personas, contribuyendo a la reducción de la pobreza o a una mejor calidad de vida de los grupos en riesgo social y, paralelamente, debe ser medioambiental. En ese sentido, se le está pidiendo también que cumpla con los objetivos sociales y medioambientales del desarrollo sustentable. Complementariamente debe ser transformadora, puesto que debe tener impacto en relación con variables de desarrollo social, como los costes, los ingresos, el empleo, el rendimiento social y económico, la calidad de vida, la gestión, o la creación de nuevas oportunidades. Por tanto, se exige otro de los aspectos del desarrollo sustentable: mejora económica. Finalmente, debe ser expansiva, porque debería poder ser reproducida en otro lugar y/o a mayor escala. Las innovaciones sociales tienden por su esencia a su difusión y a su expansión. No pretenden la generación de ventajas sobre competidores y no tienen que ser protegidas por patentes (Morales Gutiérrez, 2009), por consiguiente, pueden ser consideradas innovaciones abiertas (Chesbrough, 2006). Las innovaciones sociales pueden ser de muchos tipos, pero todos ellos tienen en común la posibilidad de generar una mejora del territorio con repercusiones sociales y ambientales. Esto hace que las innovaciones sociales cuenten normalmente con un cierto elemento de intangibilidad y, a la vez, están íntimamente conectadas con el desarrollo sustentable.

La innovación social tiene repercusiones territoriales, dado que tanto su nacimiento como su desarrollo se apoya en los recursos territoriales. Dentro de un territorio, todas las innovaciones muestran un proceso dinámico de difusión. En dicho proceso, se suelen distinguir los actores principales, los canales de comunicación, las barreras y el tiempo necesario para que una innovación se mueva en el espacio territorial. Esos aspectos van a ser analizados en MDMQ, de forma que podamos extraer experiencias que nos permitan elaborar una conceptualización teórica que facilite futuras innovaciones sociales.

Los activos intangibles de una organización se refieren a aquellos activos que permiten generar valor a la organización, que no presentan propiedades físicas y, por tanto, no se suelen incluir en los balances contables. Incluye aspectos del saber local tradicional y aportaciones del conocimiento científico asumido por el territorio para fomentar el desarrollo regional. Desde el ámbito empresarial, se considera que ese conocimiento forma parte del capital intelectual de la organización. Normalmente, presenta tres dimensiones que se definen de acuerdo al sujeto donde radica dicho capital. El capital humano radica en las personas; el capital estructural radica en las relaciones internas y en la propia organización y el capital relacional radica en las relaciones de las personas y la organización con el entorno que la rodea (Martos, Fernandez-Jardon y Figueroa, 2008). Adoptaremos ese esquema en este trabajo. Esos conceptos han sido manejados en el mundo empresarial y algunos han sido desarrollados en otros ámbitos sociales, pero su interrelación con la innovación social presenta particularidades que han sido poco estudiadas.

El conocimiento local humano se adapta a la gestión holística de municipios y entidades territoriales pequeñas, lo que hace cambiar la referencia territorial facilitando la descentralización. Se refiere a los activos intangibles existentes en las personas que trabajan en una organización en el territorio.

Spencer y Spencer (1993) definen un modelo de competencias de los recursos humanos de la empresa basado en tres elementos: los valores y actitudes, los conocimientos y las capacidades de las personas. Seguiremos ese esquema para el conocimiento local humano. Los valores y actitudes incluyen los valores tradicionales de la cultura del territorio asumidos por las personas que componen las organizaciones. Va a ser uno de los elementos más valiosos del conocimiento local, puesto que se encuentra en su raíz (Zambrano, Merino y Castellanos, 2012). Los valores y actitudes de los habitantes son clave para generar valor en un territorio, ya que el comportamiento ético de los habitantes condiciona el nivel de confianza de inversores, turistas y de los propios cohabitantes.

Los conocimientos hacen referencia a lo que saben las personas. Esos conocimientos pueden llegar por dos canales diferentes y complementarios: la formación y la experiencia. La formación puede ser básica y especifica. La formación básica viene medida por el nivel educativo, mientras que la formación específica viene medida por los conocimientos técnicos y de gestión. Paralelamente, los recursos humanos también adquieren conocimientos a través de la experiencia, si bien es frecuente que ambos ámbitos se interrelacionen y complementen mutuamente.

Las capacidades se refieren a lo que pueden hacer las personas que participan en las diferentes organizaciones.

El conocimiento local estructural engloba los activos intangibles que pertenecen a la organización, y que le permiten ser eficiente en su tarea diaria. Aunque existen diferentes aspectos que se asocian al capital estructural de la empresa, es tradicional analizarlos desde tres grandes ámbitos: culturales, organizativos y tecnológicos.

La cultura organizativa recoge la historia, los valores y la visión que la organización tiene de su proyecto. En particular, la cultura del territorio es esencial como elemento de conocimiento local, puesto que las tradiciones y valores permiten al territorio distinguirse de otros territorios y, en ese sentido, facilita la creación de ventajas de diferenciación a través de la identidad cultural.

Existen multitud de aspectos organizativos asociados al saber hacer de la institución que también forman parte del capital estructural, sus sistemas de organización, la estructura jerárquica, la coordinación y la comunicación, entre otros. La estructura organizativa permite competir en mejores condiciones que otros territorios más desestructurados y lleva a desarrollar procesos de más calidad. Complementariamente, es fundamental la estructura de apoyo intergeneracional que facilita la transmisión de conocimientos de una generación a otra y recibirlos ordenadamente, con lo que se asegura la integridad del stock de capital intelectual.

La tecnología incluye los sistemas, los procesos, las rutinas organizacionales (Nelson y Winter, 1982) y el desarrollo tecnológico puesto que todos ellos son fuente de innovación (McLoughlin y Harris, 1997) y como consecuencia, fuente de creación de riqueza. Por consiguiente, es conveniente tener en cuenta los niveles de uso de tecnología y de conocimientos tecnológicos en el territorio, que van a facilitar la capacidad de absorción de nuevas tecnologías y sus posibilidades para integrarlas en la vida cotidiana (Caragliu, Del Bo y Nijkamp, 2011), al igual que las dotaciones tecnológicas, especialmente aquellas orientadas a aspectos sociales.

El conocimiento local relacional incluye todas las relaciones que la organización tiene con el exterior y que esta gestiona o puede gestionar para desarrollar sus actividades, es decir, las relaciones con otras organizaciones, con instituciones públicas del territorio o de otros territorios, con el medio ambiente o con la población en general. En particular, esas relaciones se muestran con más intensidad en las redes de cooperación y alianzas, que incluyen acuerdos específicos para la mejora del territorio o de las organizaciones existentes en él.

La imagen de la institución o de todo el territorio donde lleva a cabo su trabajo facilita las relaciones que, a su vez, van a servir para generar la confianza necesaria para hacerlas fructificar en acuerdos de cooperación con posibilidades de crear riqueza en el territorio. La imagen consiste, esencialmente, en la percepción de los usuarios de la organización y demás actores externos sobre la propia organización. Forma parte de la relación que la organización tiene con ellos y potencia la capacidad de atracción de un territorio.

2.2   Conocimiento local e innovación social

El conocimiento local fomenta las innovaciones, puesto que el saber hacer local siempre ha sido fuente de resolución de los problemas y conflictos planteados en esa sociedad y, en general, muchas de esas soluciones son innovadoras. Tal como se comentó previamente, el conocimiento local de un territorio se manifiesta en sus tres dimensiones: humana, estructural y relacional. Cada una de ellas es un elemento fundamental para generar innovaciones sociales.

El conocimiento local humano se muestra en las personas. La renovación de ese conocimiento radica en el reclutamiento y la formación, que promueven el espíritu necesario para innovar. La formación incrementa el nivel educativo de los empleados, facilitando la creación de conocimientos que están en la base de las innovaciones (Sánchez, Chaminade y Olea, 2000). No obstante, tener personal formado no garantiza la utilización fructífera del conocimiento. Es conveniente llevarlo a la práctica a través de actividades o combinado con otras competencias puesto que esa es la forma en la que la organización retiene ese conocimiento que le permite innovar. Además, el conocimiento local humano radica en las personas que son el único recurso pensante de la organización, el único que puede ser creativo, motivado, formado, etc. Puede, por tanto, sufrir influencias que moldean su actitud innovadora. Esa es, en parte, la tarea de la dirección. Por ese motivo, el comportamiento de la dirección es vital para apoyar el capital humano y promover y aplicar prácticas que conduzcan a la transformación de capital humano en capital estructural (Santos-Rodrigues et al., 2010), que es el que acumula la organización finalmente. Es en este conocimiento organizativo donde reside la capacidad de innovación.

Una organización es productiva cuando la preocupación por el conocimiento, el interés por la innovación y por cambiar las cosas es un principio continuo de la organización (Mouritsen, Larsen y Bukh, 2001). Eso exige una serie de actitudes en los directivos. Por ejemplo, dada la naturaleza incierta y el riesgo asociado a las innovaciones, los directivos deben ser tolerantes a errores para que los empleados no sientan que un puñado de esfuerzos fallidos destruirán su carrera (Wan, Ong y Lee, 2005). Esa actitud es más necesaria en las innovaciones sociales por la necesidad de colaboración. La capacidad de liderazgo es esencial para la innovación. Consecuentemente, establecemos:

Proposición 1: el conocimiento local humano es fuente de innovaciones sociales.

El conocimiento local estructural canaliza las innovaciones puesto que se basa en la cultura local y, normalmente, cualquier mejora asociada a la cultura local es más valorada por los diferentes grupos de interés. Hay evidencia de una fuerte correlación entre cultura organizativa y desempeño innovador (Hii y Neely, 2000). Por ejemplo, una cultura que incentiva el riesgo (Wan et al., 2005) y fomenta el desarrollo de nuevas ideas y el apoyo al error controlado, facilita la innovación (Farson y Keyes, 2002). En general, la cultura se puede desarrollar para impulsar la innovación y el aprendizaje (DeNisi et al., 2003).

Para que los empleados se sientan motivados a innovar tiene que haber una cultura que soporte y recompense la innovación (Wan et al., 2005), ya que esta requiere un clima fértil y propicio a la gestación e implementación de ideas innovadoras, determinado fundamentalmente por la cultura organizativa (Hii y Neely, 2000). En la práctica, las habilidades y conocimientos existentes en los sistemas físicos y de gestión de las instituciones son formados por la cultura de la organización. Por ese motivo, la cultura se considera como la clave para desarrollar los recursos y competencias de la innovación (Hii y Neely, 2000).

La innovación suele ser fruto de la colaboración establecida en equipos de trabajo. El clima de confianza organizacional, consecuencia de la cultura influye en la actitud de colaboración de las personas (Fazzari y Mosca, 2009). La confianza soporta y estimula la difusión de conocimientos y la participación activa en acciones conjuntas. Estas acciones conjuntas, combinadas con las recompensas del trabajo en equipo, dan aún más impulso a la creatividad y a la transmisión de conocimientos. La confianza afecta la actitud de los actores y a su propensión o voluntad para participar en actividades que supongan transferencia de conocimiento e innovación (Santos-Rodrigues et al., 2010).

El sistema organizativo impuesto en la sociedad también condiciona los resultados de la innovación. La excesiva formalización suele estar negativamente relacionada con la innovación, siendo considerado que la flexibilidad facilita la innovación y que la burocracia, por su excesiva normalización, están negativamente relacionadas con la innovación (Subramanian, 1996; Wan et al., 2005). La flexibilidad es especialmente importante en las innovaciones sociales, debido a su complejidad. Otros factores del conocimiento local estructural que fomentan la innovación son la existencia de grupos de mejora, o de un conjunto de procesos y procedimientos centrados en impulsar el aprendizaje y la innovación (Bueno, Salmador y Merino, 2008). Por consiguiente, también podemos afirmar:

Proposición 2: el conocimiento local estructural es fuente de innovación social.

Las relaciones con el exterior permiten asumir nuevas ideas para mejorar la propia sociedad. Las interacciones con el ambiente externo están muy relacionadas con la innovación, especialmente en la denominada «open innovation» en que los distintos grupos de actores que tienen interés por la organización dan su contribución con ideas innovadoras (Chesbrough, 2006).

El conocimiento local relacional resulta de gran utilidad para un territorio puesto que ofrece una valoración externa de su situación, al compararla con otras organizaciones similares. Esa comparación brinda información acerca de las tendencias o intereses que muestran los agentes de su entorno, los cuales resultan cruciales para detectar oportunidades tecnológicas y sociales que guíen el desarrollo de nuevos conocimientos, facilitando de esa forma, la innovación (Martín De Castro, Alama, López y Navas, 2010). El capital social que se genera en las redes de empresas e instituciones facilita la innovación (Molina-Morales y Martínez-Fernández, 2010) y, por tanto se espera que fomente la innovación social.

Las aportaciones de la comunidad, y otras organizaciones externas son los mayores determinantes del comportamiento innovador de las organizaciones (Schiuma y Lerro, 2008) y, por consiguiente, de la sociedad. De hecho, una forma de adquirir nuevos conocimientos es a través de socios externos y de redes de colaboración con otras instituciones como universidades (Capó-Vicedo, Molina-Morales y Capó, 2013), laboratorios de investigación, gobierno, comunidad, entre muchos otros (Felzensztein, 2008). Ese conocimiento es la esencia de la innovación. La conexión entre la organización y su entorno es el elemento que torna única la forma como las organizaciones innovan (Nonaka, 1994). Y la retroalimentación de los clientes y usuarios promueve la renovación del conocimiento volviendo la organización más eficiente y más innovadora (Laforet, 2011). Esa captación de conocimientos es especialmente necesaria en ambientes dinámicos que exigen una gran actividad innovadora, como es el caso de la innovación social. En consecuencia,

Proposición 3: El conocimiento local relacional es fuente de innovación social.

3. Metodologia

Para analizar una situación geográfica es necesario combinar la información teórica con el análisis territorial. El marco teórico se ha elaborado tras una exhaustiva revisión bibliográfica y la elaboración de los conceptos que surgen a raíz de los elementos de conocimiento local definidos.

El objetivo de este trabajo era describir y explicar la relación de Innovacion social con el conocimiento local, por lo que parece más adecuada una metodología cualitativa (Denzin y Lincoln, 2000). En consecuencia, se han utilizado diferentes fuentes de información empírica. Por una parte, se ha revisado la documentación de la municipalidad, tanto sobre el diseño del plan estratégico, como el posterior desarrollo de conocimiento local en cada una de las subunidades organizativas. Por otra, se han realizado 40 entrevistas semiestructuradas con los principales actores sociales del proceso y observadores ajenos, expertos que permitieron evaluar las causas de realización de ese proceso y hacer críticas de los defectos que su funcionamiento o aplicación llevaron asociados, puesto que las entrevistas semiestructuradas suministran un instrumento válido para combinar la fiabilidad científica con la posible carga subjetiva de las descripciones cualitativas. Se entrevistaron 13 personas del DMQ, cubriendo los principales niveles jerárquicos y los sectores más importantes para una política territorial. La entrevista cubrió una serie de preguntas abiertas sobre la gestión de la municipalidad, la organización política, la situación y actitudes del personal, las finanzas, el sistema de información, los materiales de trabajo y las infraestructuras, la eficiencia del proceso y de las actividades y las relaciones externas.

En algunos casos, se ha desarrollado más de una entrevista por persona para evaluar y contrastar las diferentes opiniones. De esa forma, se aseguraba la credibilidad de los entrevistados, puesto que se tenía en cuenta la transferencia de los conceptos, la dependencia de los actores locales y las posibles fuentes externas de confirmación de los resultados (Lincoln y Guba, 1985).

Paralelamente, se ha estado observando sobre el terreno el funcionamiento explícito de la municipalidad y sus repercusiones específicas en el día a día de la comunidad de Quito y alrededores, durante el año 2014.

La información recopilada fue catalogada y asignada a cada uno de los conceptos teóricos básicos establecidos. Posteriormente, se establecieron las relaciones entre los conceptos mediante un análisis cualitativo.

4. Análisis de los resultados: El caso del DMQ

Quito es la capital política de la República de Ecuador. El DMQ cuenta con 2.239.191 habitantes. Actualmente es considerada la capital económica del país. Está ubicada en el valle de Guayllabamba, en las laderas occidentales del volcán Pichincha, en la parte oriental de los Andes. Su altitud promedio es de 2.700 m. La ciudad está dividida en 32 parroquias urbanas (Gobierno de Pichincha, 2010). Quito es el centro político de la República, alberga los principales organismos gubernamentales, culturales, financieros y la matriz de la mayoría de las empresas transnacionales que trabajan en el país.

A pesar de que el anterior gobierno había empezado a hacer frente a los grandes problemas de la ciudad, los ciudadanos aun percibían una serie de problemas, entre los que se cuentan los procesos de participación social institucionalizada, por la excesiva burocratización; la pérdida de vínculos y relaciones comunitarias, barriales, parroquiales; el poco apoyo para las iniciativas de organización de la sociedad; la poca valoración del papel de la ciudadanía en el sostenimiento y fortalecimiento de las políticas públicas, la gestión institucional y de su participación; una planificación centralizada, tecnocrática y burocratizada. Esos aspectos incrementan los problemas de integración social, de gobernabilidad democrática de la institucionalidad pública, e incluso tienen sus repercusiones en temas como el de la seguridad ciudadana, fruto de la criminalidad; en el alto desempleo, especialmente entre los jóvenes; y en las brechas en la calidad de vida especialmente en los barrios más marginales, que además concentran la mayoría de la población (MDMQ, 2012c). Para hacer frente a esos problemas se llevaron a cabo una serie de innovaciones sociales (Fernández Jardón, Gierhake y Martos, 2016). En este trabajo nos interesa analizar las posibles interrelaciones entre innovación social y conocimiento local, haciendo uso del caso particular del DMQ, puesto que en él aparecen una serie de innovaciones sociales y un conjunto de aspectos de conocimiento local, entre los cuales se evalúa la validez de nuestras proposiciones. A ser una evaluación cualitativa, algunas de las conclusiones están sujetas a futuras estudios.

Para llevarlo a cabo, presentaremos en primer lugar, las innovaciones sociales, luego los elementos de conocimiento local y finalmente, mostraremos como ambos conceptos están relacionados en la práctica.

4.1   Innovación social en el MDQM

El proceso de establecimiento de innovaciones sociales en el DMQ ha seguido una estrategia top-down, es decir, primero se adaptó el concepto de innovación al territorio, después se establecieron los principios de actuación y finalmente las estrategias y acciones de mejora concretas.

El concepto se adaptó incluyendo aspectos tecnológicos, económicos y sociales (MDMQ, 2012b). Los principios están orientados al desarrollo sustentable, incluyendo los tres aspectos: social, económico y medioambiental (Placet et al., 2005). En el aspecto socioeconómico se promueve la identidad cultural, respetando las diferencias (Quito diverso y con identidad) y fomentando la participación (Quito participativo). También se propone la equidad (Quito equitativo) y la solidaridad (Quito solidario). El aspecto medioambiental tiene un principio especifico (Quito sustentable) (MDMQ, 2012c). Las acciones específicas son muestra de innovaciones sociales aunque las mayores innovaciones aparecen en el alto nivel de integración entre los componentes sectoriales y los diferentes proyectos parciales (MDMQ, 2012c).

El primer grupo de innovaciones sociales se incluyen dentro de la reforma organizativa, orientada a facilitar la coordinación entre los diferentes equipos, fomentar la creatividad de sus componentes y dotarles de flexibilidad para adaptarse a los posibles cambios del entorno. Dicha reforma se formalizó con un acto público administrativo (MDMQ, 2009), poco después de hacerse cargo de la Alcaldía. Para coordinar las actuaciones de la municipalidad se integraron las empresas municipales en las respectivas Secretarías, formulando responsabilidades precisas y dejando una cierta autonomía de actuación para agilizar los procesos, de forma que al fomentar la autonomía de los entes, se posibilitaron innovaciones en cada uno de ellos (Gierhake y Jardón, 2016).

Por otra parte, se aumentó el número de las secretarías (de cuatro a 12) para ajustar mejor cada función a sus objetivos, concentrando en cada una de ellas las competencias de planificación y decisión para facilitar la coordinación. Esto permitió articular una alta aceptación de este modelo incorporándolo como propio. Además, se apostó decisivamente por el «Instituto de la Ciudad» como entidad de ciencia aplicada de apoyo a las políticas municipales («think tank»), para desarrollo del plan y potenciar la excelencia de la estructura administrativa (Gierhake y Jardón, 2016).

El segundo bloque de innovaciones se incluye en la nueva estructura territorial. Esta se fue reformando a través de actuaciones en diferentes aspectos esenciales que propugnan una nueva concepción del territorio, que impacte positivamente sobre las actividades, las cohesione e integre. En primer lugar, la estructura presenta una orientación sustentable, al establecer un modelo regional de desarrollo y ordenamiento territorial, enfocando hacia acciones que implementen un sistema de movilidad y transporte público integral, compatible con el medioambiente, o al establecimien to de un Sistema Regional de Corredores Ecológicos que enlacen áreas protegidas (Yates et al., 2013). También, en el esfuerzo por preservar, mantener y proteger el patrimonio natural, mejorar la calidad ambiental y contribuir a la mitigación de los efectos del cambio climático. En segundo lugar, una orientación social, puesto que busca fortalecer el conjunto de derechos ciudadanos, con características de universalidad, accesibilidad y sinergia, por ejemplo, el derecho a la ciudad como espacio para la vida y la convivencia. Ese concepto se hace operativo por la forma como se articula el sistema de centralidades desarrollado en el territorio, combinado con los otros dos sistemas estructurantes: movilidad y espacio público (Gierhake y Jardon, 2015).

En esa línea se encuentra el esfuerzo por consolidar un modelo de gestión metropolitano, desconcentrado, integral y participativo, que privilegie al ser humano sobre el capital. Para lograrlo, se promueve el diálogo como la forma de relacionamiento entre el Municipio y todos los actores sociales de la ciudad y se incentiva la construcción de nuevos espacios de representación territorial que permitan una interlocución legítima con lo público.

Finalmente, también se orienta a una función económica, puesto que tiene como objetivo el pleno empleo, con una economía diversificada en distintas ramas productivas. Las principales actividades para conseguir ese objetivo se enfocan hacia la promoción y fortalecimiento de emprendimientos y su cooperación horizontal y vertical dentro y fuera del territorio del DMQ; la consolidación de parques industriales en el DMQ en el marco de las políticas de ordenamiento territorial (MDMQ, 2014b) y la promoción del desarrollo de la infraestructura física y de los servicios necesarios para posicionar al DMQ como un nodo logístico de relevancia regional (MDMQ, 2012a).

El tercer grupo de innovaciones sociales se manifiesta en la agenda digital, cuyo objetivo era la construcción de una ciudad digital (Caragliu et al., 2011) socialmente innovadora, apoyada en tres pilares: el concepto, el modelo de actuación y los recursos. El concepto de ciudad digital se renueva para adaptarlo al territorio, buscando incorporar en la vida cotidiana de los ciudadanos tecnologías de la Información y de Comunicaciones para mejorar tanto su calidad de vida como su capacidad de evolución (MDMQ, 2012a).

Para lograr los resultados deseados, el proceso exigía recursos humanos suficientemente preparados, para lo cual se capacitó a los funcionarios, de tal forma que se sintieran implicados en el proceso de construcción de la Agenda y que contaran con las competencias necesarias para desarrollarla (MDMQ, 2012a).

El proceso de difusión se inicia en el equipo de gobierno (innovador) se trasmite por la municipalidad (actores principales de difusión) y luego se extiende a otras regiones (actores de adaptación) mostrando características innovadoras, puesto que sugiere un proceso Inverso al establecido en los supuestos del modelo tradicional: se trata de innovaciones que se desarrollan en países en vías de desarrollo que tienen potencial para desplazarse hacia países desarrollados por presentar una concepción basada en su experiencia local tradicional que es desconocida en la ciencia geográfica desarrollada.

4.2   El conocimiento local de la DMQ

Son variadas las manifestaciones del conocimiento local que han ido mostrándose en el DMQ a lo largo de estos años. El Plan Metropolitano de Desarrollo Quito 2012-2022, tiene un marco de referencia para los saberes ancestrales que se incluyen en el concepto del Buen Vivir[3], implementado a

---

[3] El «Buen Vivir» en las modernas constituciones de Ecuador (2008) y Bolivia (2009) toma su terminología Sumak Kawsay, palabra quechua de la

través del Plan Nacional de Desarrollo (Acosta, 2010; SENPLADES, 2009). Posiblemente, una de las causas de ese desarrollo se encuentre en el conocimiento local existente en el territorio y en los factores que se desplegaron como consecuencia de la evolución de ese conocimiento, puesto que la innovación consiste, con frecuencia, en la recuperación de saberes y procesos, a veces olvidados, que configuran el acervo cultural del territorio (Anjos, Aguilar Criado y Caldas, 2013).

Las universidades son una fuente de innovación (Capó-Vicedo et al., 2013; Florida, 2005). El Distrito Metropolitano concentra las mejores Universidades del país y, en particular, las únicas dos que tienen derecho al doctorado (FLACSO, Universidad Andina Simón Bolívar) y la Universidad pública más antigua del país (Universidad Central). También tiene una serie de universidades privadas reconocidas (Católica, San Francisco). Estas instituciones son la base para la formación profesional y cultural. Tradicionalmente, las instituciones académicas de Quito han sido consideradas de menor nivel que las de otros territorios cercanos, como es el caso de Lima o Bogotá. Esta debilidad académica ha favorecido el surgimiento de un movimiento de ONG muy innovador, que ha impregnado la cultura del país (Fernandez Jardon, Gierhake y Martos, 2016). Una muestra evidente del interés por la formación de las personas en DMQ se recoge en la Tabla 1.

No existe un conocimiento específico asociado al manejo de los productos locales, por una excesiva orientación a commodities en el pasado agrícola-forestal del país, aunque se muestra una voluntad de cambiar tanto a nivel nacional (cambio de matriz productiva) como municipal con idea de adaptarse a los mercados (MDMQ, 2014a). Sin embargo, las tradiciones histórico-culturales han facilitado que se manifieste una cultura particular dentro de ese territorio urbano. Por ejemplo, las relaciones de confianza personal son muy valoradas (Fernandez Jardon et al., 2016).

La capacidad de liderazgo manifestada en saber identificar la necesidad de un equipo altamente multidisciplinario, en la capacidad de sistematizar

---

cosmovisión ancestral kichwa de la vida, que hace referencia a la realización ideal y hermosa del planeta (sumak), con una vida digna, en plenitud (kawsay), es decir, buscaría el equilibrio con la naturaleza en la satisfacción de las necesidades («tomar solo lo necesario» con vocación para perdurar), sobre el mero crecimiento económico (Acosta, 2010).

experiencias particulares en el contexto de necesidades administrativas, en la capacidad de coordinar y liderar la institución y en la capacidad de crear una cohesión interna en la institución, ayudando a percibir una identidad compartida entre todos. La capacidad de aprendizaje se mostró en la creación del Instituto de Ciudad como think tank para las políticas municipales, y dotar esta institución con personal, y estructura de trabajo flexible que cuenta un plan de capacitación para renovar sus conocimientos constantemente. Esta capacidad facilita la adquisición de conocimiento tácito y la conversión de tácito en explícito. La larga tradición de planificación municipal existente se plasmó en un esfuerzo por mantener la memoria institucional, que se puede observar en el hecho de contratar a asesores del gobierno anterior para asegurar la permanencia de los conocimientos humanos personales (Fernández Jardon et al., 2016). La capacidad de gobernanza y su asunción por la ciudadanía también forman parte de la cultura sociopolítica de Quito. Existe una percepción compartida entre gobierno municipal y ciudadanía, que se refleja en los planes municipales de desarrollo participativos, en la interactuación de las administraciones locales con los ciudadanos y en el fomento de las actuaciones público privadas. Existe una cultura medioambiental, puesto que Quito fue una de las primeras ciudades que introdujeron políticas ambientales en el Municipio (Alcaldía de Jamil Mahuad), que se han mantenido (Barrera, 2014).

Información	Fuente
Se apoyaron económicamente 500 proyectos culturales.	MDMQ, 2014a
Se realizaron 4.628 eventos culturales en el espacio público con más de 10 millones de asistentes.	Quito-Cultura, 2015
la Secretaria de Desarrollo Productivo ha llevado a cabo cuatro proyectos sobre parques industriales y áreas de producción.	MDMQ, 2014a
la Secretaria de Desarrollo Productivo ha promovido zonas Industriales, como por ejemplo el Parque Público-Privado Itulcachi.	MDMQ, 2014a
la Secretaria de Desarrollo Productivo ha asesorado a 412 industrias	MDMQ, 2014a

la agencia de desarrollo municipal CONQUITO fortaleció la capacitación en competencias laborales y emprendimiento para 8000 empleos	Conquito, 2014
alta participación ciudadana en actividades ambientales (421.050 ciudadanos en diferentes acciones de apoyo a la gestión ambiental; 157.050 Eventos de Participación; 170.000 Buenas Prácticas Ambientales, 171 400 en la reforestación y 10.000 en aspectos asociados al Cambio Climático.	Quito-Cultura, 2015
la Secretaria de Desarrollo Productivo ha diseñado un modelo de gestión de Economía Popular y Solidaria.	MDMQ, 2014a
8 reconocimientos internacionales con premios; 33 ciudades hermanadas; pertenece a 17 redes de ciudades y participo o participa en 5 compromisos internacionales.	MDMQ, 2014a
tasa de crecimiento de las llegadas internacionales en promedio desde 2007 es del 9%.	Quito-Turismo, 2014
El 18,1% de los hogares tiene al menos un computador portátil, 9,1 puntos más que lo registrado en 2010. Mientras el 27,5% de los hogares tiene computadora de escritorio, 3,5 puntos más que en 2010.	INEC, 2015
El 28,3% de los hogares a nivel nacional tienen acceso a internet, 16,5 puntos más que en el 2010. En el área urbana el crecimiento es de 20,3 puntos, mientras que en la rural de 7,8 puntos.	INEC, 2015

Tabla 1. Aspectos del conocimiento local en DMQ

Hay una cultura que fomenta la participación de la ciudadanía consiguiendo crear un ambiente proclive a una cultura de la participación y la descentralización (Morales Gutiérrez, 2009), por ejemplo, con las redes de organizaciones barriales en el Sur de Quito o los movimientos sindicales fundados en la ciudad (Cueva, 2010). Además, se hizo un esfuerzo por integrar la tecnología en la vida de la sociedad civil, que se recoge especialmente en la agenda digital (MDMQ, 2012a). Esos aspectos culturales, organizativos y tecnológicos se manifiestan en DMQ tal como señala la Tabla 1. Muchos de ellos son esenciales para transformar el conocimiento tácito, necesario para la creación de innovaciones, en explícito.

El conocimiento local relacional incluye la actitud de cooperación, que se manifiesta en diferentes propuestas de relación con otras instituciones y con otros territorios. Por ejemplo, se llevaron a cabo acuerdos de cooperación con ciudades de otros países, se realizaron compromisos internacionales con participación activa o se participó en asociaciones internacionales (Barrera, 2014) y se establecieron relaciones de colaboración con los territorios colindantes. Las relaciones con la ciudadanía se pusieron de manifiesto en las políticas de Espacio público, de desarrollo cultural y de promoción del uso de tecnologías, a través de la Agenda digital y el uso del internet. Las relaciones con otras instituciones del Gobierno nacional se muestran por el apoyo político del actual gobierno nacional a las obras de la ciudad (por ejemplo, Metro Quito).

La imagen del territorio se mejoró con idea de impulsar el desarrollo cultural de Quito, potenciar el turismo sustentable del territorio y conservar el patrimonio natural de la zona, mejorar la accesibilidad exterior, apoyar al desarrollo productivo municipal con su propia agencia comunal y precisar y asegurar sus competencias en relación con otras entidades de la administración territorial. Por ejemplo, se llevó a cabo un Programa de Rehabilitación del Centro Histórico con atractivos para la población y a las empresas, restaurando casas coloniales. La Tabla 1 recoge algunos indicadores del conocimiento local relacional en DMQ.

5. El efecto del conocimiento local sobre las innovaciones sociales en DMQ

Para analizar la posible causalidad entre el conocimiento local y la innovación social, vamos a estudiar la importancia de cada una de las dimensiones del conocimiento local en la constitución de las innovaciones sociales (véase Figura 1).

Figura 1. *Relaciones entre conocimiento local e innovación social en MDMQ*

La proposición 1 se comprueba en múltiples facetas de la innovación social considerada. Tanto las entrevistas como la observación mostraron que en el éxito del proceso de constitución de la reforma organizativa fueron clave la capacidad de integración y liderazgo del Alcalde Barrera que fue considerada esencial para el buen funcionamiento, puesto que dicho liderazgo facilitó la coordinación eficiente del equipo de expertos; y la formación de los funcionarios, que llevó a aportar decisivamente por el «Instituto de la Ciudad» como entidad de ciencia aplicada soportando las políticas municipales para dar esa formación. Las capacidades de coordinación e integración de los componentes del equipo de asesores también fueron esencial para el éxito de la innovación, puesto que establecieron la estructura administrativa y coordinaron gran parte de la funciones de las Secretarías. La preparación profesional de los gabinetes de coordinación fue esencial para suministrar información para todas las Secretarías, facilitar la coordinación sectorial y monitorizar las decisiones logradas. Para conseguir una mejora económica, el Plan se propuso la promoción y fortalecimiento de emprendimientos y de su cooperación. El éxito de ese planteamiento radica en la capacidad de emprender de los habitantes de la zona y en su capacidad para asociarse, es decir, elementos de conocimiento local humano. Además, para llevar a cabo la agenda digital, se buscaba que los funcionarios estuvieran comprometidos y para desarrollar el proceso de difusión fueron esenciales las relaciones personales de los agentes innovadores (véase Tabla 2).

Información	Fuente
La agricultura urbana con 211 nuevas unidades productivas agropecuarias implementadas, integrando a 1.215 personas a los procesos de capacitación en agricultura urbana.	Conquito, 2014
703 bioferias de integración ambiental y productiva fueron realizadas.	Conquito, 2014
49 unidades productivas agropecuarias obtuvieron certificación internacional BCS a la producción orgánica.	Conquito, 2014
Se fomentó la gestión participativa con 50 talleres, foros y conferencias con gran asistencia (alrededor de 5000 personas).	MDMQ, 2014a
Las Administraciones Zonales interactuaron con alrededor de 2000 organizaciones de la comunidad y en la conexión con las empresas, fomentando una cultura del medioambiente (Evento Quito Verde y Limpio, reconocimiento a empresas por sus acciones en favor del ambiente; etc.).	MDMQ, 2014a
Las ferias de Economía Popular y Solidaria (EPS) en donde son directamente beneficiados pequeños emprendimientos (30 o 40 por feria).	MDMQ, 2014a
El proyecto QuitoTech que está dando acompañamiento a 160 proyectos de base tecnológica.	MDMQ, 2014a

Tabla 2. Conocimiento local e innovación social

El conocimiento local estructural en su triple aspecto de cultura, organización y tecnología fue esencial para llevar a cabo la innovación del MDMQ. En particular, para el funcionamiento de la reforma organizativa se introdujeron mecanismos de seguimiento de las decisiones tomadas a través de la Secretaría de Planificación y de coordinación entre las diferentes secretarias. Con idea de obtener un mayor aprovechamiento de la memoria institucional, se integró personal del gobierno municipal anterior como asesores de la Alcaldía. Las entrevistas mostraron que el aspecto cultural fue esencial para llevar a cabo la reforma del ordenamiento territorial, manifestados en recuperar la centralidad del ser humano, al incorporar su verdadera dimensión territorial. Por ejemplo, la reforma incluye el triple objetivo del desarrollo sustentable apoyado en aspectos culturales, como son la intención de preservar, mantener y proteger el patrimonio natural, mejorar la calidad ambiental y contribuir a la mitigación de los efectos del cambio climático. El derecho a la ciudad como espacio para la vida y la convivencia también es un indicador de una cultura de preocupación social. Esa misma cultura se muestra en el esfuerzo por fortalecer el conjunto de derechos ciudadanos, con características de universalidad, accesibilidad y sinergia. La cultura de la descentralización es manifiesta en diferentes partes del proyecto, como ocurre en la promoción del acceso democrático a los beneficios de la ciencia, la tecnología, los saberes populares y ancestrales, así como el diálogo entre saberes, en el esfuerzo por el cierre de las brechas territoriales, sociales, culturales y económicas en el acceso y utilización de los servicios de salud; la articulación de la oferta educativa a los requerimientos del desarrollo del territorio y la promoción de innovaciones pedagógicas en todos los establecimientos del DMQ, con énfasis en el desarrollo de capacidades para la producción de saberes y de la creatividad y el fomento de la desconcentración de la gestión cultural y la consecuente equidad de intervenciones territoriales que genere centralidades culturales de fácil acceso, reactive el capital social, cultural y productivo que incentive la construcción de identidad a nivel barrial y distrital y recupere de modo equitativo el valor de uso socio cultural del espacio público.

Tal como se observó empíricamente y que las entrevistas contrastaron, la cultura de la colaboración fue esencial para llevar a cabo la agenda digital, puesto que la colaboración entre las personas, grupos, instituciones y empresas del territorio para facilitar el intercambio de ideas y experiencias con el fin de conseguir que el proceso de innovación sea más eficiente, fluido y abierto, fue el modelo de desarrollo de dicha agenda. En su desarrollo fue necesario hacer uso de la tecnología y, en cierta forma, el conocimiento tecnológico fue el que permitió el éxito de ese desarrollo, puesto que dicha agenda incorpora en la vida cotidiana tecnologías de la Información y de Comunicaciones para mejorar tanto la calidad de vida como la capacidad de desarrollo del conjunto de la ciudadanía. Todo ello muestra la proposición 2. Algunos de esos aspectos se señalan en la Tabla 2.

Finalmente la proposición 3 aparece en múltiples facetas de la innovación social del MDMQ, pero donde mejor se manifiesta es en el proceso de difusión. Las entrevistas dejaron claro que los diferentes socios internacionales fueron la base potencial para una multitud de canales de comunicación externa (Red de ciudades suramericanas, Pacto de México, Pacto de Quito, Ciudades hermanas, entre otras). Pero no solo queda en este aspecto. Las relaciones establecidas con los diferentes centros de conocimiento e instituciones han sido modelo de muchos de los procesos de la reforma organizativa y, en especial, de la constitución de la agenda digital. La cooperación entre emprendimientos necesitaba la existencia de capital relacional.

Como fruto de la observación empírica, se puede afirmar que las relaciones con la ciudadanía fueron esenciales para llevar a cabo el modelo colaborativo de la agenda digital y ayudaron al éxito de las políticas de Espacio público, de desarrollo cultural y de promoción del uso de tecnologías. La interpretación de los Espacios Públicos por la Administración Barrera ha sobrepasado la percepción puramente económica para ser instrumento de cohesión territorial a nivel barrial, impulsando el diálogo y la comunicación, y de responsabilidad de los vecinos. Esa manifestación del conocimiento local relacional enriqueció la innovación establecida (ver Tabla 2).

Por último, las relaciones con otras instituciones del Gobierno nacional mostradas por el apoyo político del actual gobierno a las obras de la ciudad fueron fundamentales para llevar a cabo el conjunto del proceso.

6. Conclusiones

El trabajo analiza la innovación social en el MDMQ desde un enfoque de conocimiento local. En el marco teórico, se proponen tres proposiciones que justifican que el conocimiento local es fuente de innovación social.

El proceso metodológico ha permitido establecer que el concepto original de los procesos geográficos de innovación sirve como base para adaptarlo a entornos diferentes y analizar procesos complejos de innovación social. En combinación con el concepto de conocimiento local, el enfoque de geografía de innovación consigue un valor agregado, sugiriendo factores condicionantes del entorno creativo.

La innovación social se manifiesta en el hecho de que la administración Augusto Barrera (MDMQ 2009-2014) haya implementado un proyecto holístico de modernización administrativa y de las estructuras territoriales del Distrito Metropolitano (esto incluye todos los aspectos del desarrollo sustentable). Este «proyecto de modernización» se refleja en el Plan Metropolitano de desarrollo-Quito 2021-2022, y una serie de documentos parciales/sectoriales, que se elaboraron en base de este Plan de Desarrollo y ha contado con todas las características de una innovación social; en el diseño de una agenda de trabajo para constituir una ciudad digital basada en un modelo colaborativo y en las características dinámicas de esta trasformación, mostrando elementos específicos de los procesos geográficos de innovación, tales como innovadores, actores de la difusión y actores de adaptación. Dicho proceso ha mostrado una cierta originalidad, puesto que parte de países en vías de desarrollo y presenta un alto potencial para llegar a países desarrollados.

Existen múltiples indicadores de conocimiento local en el territorio. Por ejemplo, en la dimensión humana aparecen los centros de formación existentes en el territorio, el nivel de los estudios de los dirigentes de la MDMQ, la capacidad de liderazgo del Alcalde, la creatividad y el saber hacer del equipo participante en el proyecto.

Por lo que se refiere a la dimensión estructural se presentan la estructura organizativa, el cambio organizativo impuesto en la municipalidad, la cultura medioambiental, el sistema participativo, la profesionalización de la gestión, etcétera.

Finalmente, entre los indicadores de la dimensión relacional merece la pena destacar las relaciones con otras ciudades, la cooperación con otros municipios y con el gobierno central y la integración en el plan buen vivir con la consiguiente repercusión social. Sobre la base de estos resultados, se ha buscado las causas que pueden explicar este proceso de innovación social en Quito. Como no existen universidades u otros centros especializados en procesos territoriales y modernización administrativa, ni hay actividades de cooperación técnica internacional, se ha empleado el concepto «conocimiento local». Las relaciones entre conocimiento local e innovación social se manifiestan en diferentes aspectos. En particular vemos que el conocimiento local humano es fuente de innovación social, especialmente la capacidad de liderazgo del Alcalde, y la formación y capacitación de los funcionarios fueron clave para todo el proceso. El capital estructural fue quizás el factor más importante en esta innovación social, puesto que la cultura del territorio y del equipo de la municipalidad, el sistema organizativo y el uso de la tecnología fueron esenciales para implantar el desarrollo territorial y la agenda digital especialmente. Finalmente, el conocimiento local relacional, si bien influyó indirectamente en gran parte del proceso, fue especialmente relevante en el proceso de difusión de la innovación.

El trabajo analiza un caso de estudio, por lo que la generalización de las proposiciones debe ser confirmada en otros casos, si bien la argumentación sugiere su validez.

7. Referencias

Acampora, T., y Fonte, M. (2007): «Productos típicos, estrategias de desarrollo rural y conocimiento local», Revista Opera. Facultad de Finanzas, Gobierno y Relaciones Internacionales de la Universidad Externado de Colombia. Retrieved from https://dialnet.unirioja.es/servlet/articulo?codigo=4020500&info=resumen&idioma=SPA

Acosta, A. (2010): «El Buen Vivir en el camino del post-desarrollo. Una lectura desde la Constitución de Montecristi». Retrieved November 21, 2015, from
http://s3.amazonaws.com/academia.edu.documents/37014839/Buen_vivi r_posdesarrollo_A._Acosta.pdf?AWSAccessKeyId=AKIAJ56TQJRTWSMTNPE A&Expires=1479734912&Signature=v4i1YerZY2o4nzhKlHfCMtRfBR4%3D&r esponse-content-disposition=inline%3B filename%3DUna_lectura_desde_la_Constitucion_de_Mon.pdf

Anjos, F. S. dos, Aguilar Criado, E., y Caldas, N. V. (2013): «Indicações geográficas e desenvolvimento territorial: um diálogo entre a realidade europeia e brasileira», Dados, 56 (1), 207-236. http://doi.org/10.1590/S0011-52582013000100009

Barrera, A. (2014): «Informe de Gestión del Alcalde de Quito, Augusto Barrera, 2009-2014». Retrieved December 16, 2014, from https://es.scribd.com/doc/221238761/Informe-de-Gestion-del-Alcalde-de-Quito-Augusto-Barrera-2009-2014

Bueno, E., Salmador, M. P. A. Z., y Merino, C. (2008): «Génesis, concepto y desarrollo del capital intelectual en la economía del conocimiento: Una reflexión sobre el Modelo Intellectus y sus aplicaciones», Estudios de Economía Aplicada, 26 (2), 43-63.

Butzin, B. (2000): «Netzwerke, Kreatives Milieu und Lernende Region», Zeitschrift für Wirtschaftsgeographie, 44 (3-4), 149-166.

Capó-Vicedo, J., Molina-Morales, F. X., y Capó, J. (2013): «The role of universities in making industrial districts more dynamic. A case study in Spain», Higher Education, 65(4), 417-435. http://doi.org/10.1007/s10734-012-9553-0

Caragliu, A., Del Bo, C., y Nijkamp, P. (2011): «Smart Cities in Europe», Journal of Urban Technology, 18 (2), 65-82. Retrieved from http://dx.doi.org/10.1080/10630732.2011.601117

Chesbrough, H. W. (2006): «Open innovation: A new paradigm for understanding industrial innovation», in H. W. Chesbrough, W. Vanhaverbeke y J. West (eds.), Open Innovation: Reaching a New Paradigm (pp. 1-12), New York, Oxford University Press.

Conquito (2014): CONQUITO | Agencia Metropolitana de Promoción Económica de Quito. Retrieved October 7, 2014, from http://www.conquito.org.ec/

Cueva, S. (2010): Espacio Público y Patrimonio. Análisis de las políticas de recuperacióon en el Centro Histórico de Quito. Quito, Ediciones Abya-Yala. Retrieved from http://www. flacsoandes.edu.ec/libros/digital/43283.pdf

Denzin, N., y Lincoln, Y. (2000): Handbook of Qualitative Research, London, UK, Sage Publications, 2000.

Echeverría, J. (2008): «El manual de Oslo y la innovación social», ARBOR, CLXXXIV (732), 609-618.

Farson, R., y Keyes, R. (2002): «The Failure-Tolerant Leader», Harvard Business Review, 80 (8), 64-70.

Fazzari, A. J., y Mosca, J. B. (2009): «"Partners in perfection": Human resources facilitating creation and ongoing implementation of self-managed manufacturing teams in a small medium enterprise», Human Resource Development Quarterly, 20 (3), 353-376. http://doi. org/10.1002/hrdq.20017

Felzensztein, C. (2008): «Innovation and marketing externalities in natural resources clusters: The importance of collaborative networks in Chile and Scotland», Academia, Revista Latinoamericana de Administración (40), 1-12.

FEMP (2011): «Tercer Informe sobre las Políticas Locales de Lucha contra el Cambio Climático». Retrieved September 7, 2014, from http://www.redciudadesclima.es/uploads/documentacion/85b83cd90c96f 36d0042d9d1ac320770.pdf

Fernández Jardon, C. M., Gierhake, K., y Martos, M. S. (2016): Innovación social y conocimiento local en Latinoamérica. Vigo, Servicio de Publicaciones Universidade de Vigo.

Florida, R. (1995): «Toward the learning region», Futures, 27 (5), 527-536. http://doi. org/10.1016/0016-3287(95)00021-N

—(2005): Cities and the creative class. book, Routledge.

Gierhake, K., y Jardon, C. M. (2015): «Espacio público en Quito (Ecuador). un instrumento innovador para implementar el desarrollo territorial», Vision de Futuro, 20 (1), 44-66.

—(2016): Territorium und Kreativität - Kommunale Entwicklungspolitik im Metropolitandistrikt Quito (2009-2014), Giessen.

Gobierno de Pichincha (2010): Información General. Retrieved October 31, 2016, from http://www.pichincha.gob.ec/pichincha/datos-de-la-provincia/item/13-informacion-general. html

Hii, J., y Neely, A. (2000): «Innovative Capacity of Firms: on why some firms are more innovative than others», in CERES Crantfield University (ed.), 7th International Annual EurOMA Conference 2000 (pp. 1-11). Ghent (Belgium). Retrieved from https://dspace.lib.cranfield.ac.uk/handle/1826/3788

INEC (2015): «Ecuador en cifras». Retrieved June 1, 2016, from http://www.ecuadorencifras.gob.ec/

Ketelhöhn, N., y Ogliastri, E. (2013): «Introduction: innovation in Latin America», Academia Revista Latinoamericana de Administración, 26 (1), 12-32. http://doi.org/10.1108/ARLA-05-2013-0037

Laforet, S. (2011): «A framework of organisational innovation and outcomes in SMEs», International Journal of Entrepreneurial Behaviour y Research, 17 (4), 380-408. http://doi. org/10.1108/13552551111139638

Lincoln, Y., y Guba, E. (1985): Naturalistic inquiry, Beverly Hills, CA, Sage.

Martín De Castro, G., Alama, E. M., López, P., y Navas, J. E. (2010): «El capital relacional como fuente de innovación tecnológica, Innovar, 19 (35), 119-132.

Martos, M. S., Fernández-Jardon, C. M., y Figueroa, P. (2008): «Evaluación y relaciones entre las dimensiones del capital intelectual: El caso de la cadena de la madera de Oberá (Argentina)», Intangible Capital, 4 (2), 67-101.

McLoughlin, I., y Harris, M. (1997): Innovation, Organizational Change and Technology, London, UK, International Thomson Business Press

MDMQ (2009): «Resolucion_No_A003.pdf». Retrieved December 16, 2014, from
http://www.quito.gob.ec/lotaip2011/a3/f_RESOLUCION_No_A003.pdf

—(2012a): «Agenda_Digital_Quito_2022». Retrieved July 30, 2014, from http://www. quitodigital.gob.ec/wp-content/uploads/2013/10/Agenda_Digital_Quito_2022_Resumen.pdf

—(2012b): «ORDM-0263: Régimen administrativo de fomento a las innovaciones tecnológicas y creaciones originales en el distrito metropolitano de Quito». Retrieved December 16, 2014, from http://www7.quito.gob.ec/m
DMQ_ordenanzas/Ordenanzas/ORDENANZAS MUNICIPALES 2012/ORDM-0263 RÉGIMEN ADMINISTRATIVO DE FOMENTO A LAS INNOVACIONES TECNOLÓGICAS Y CREACIONES ORIGINALES EN EL DISTRITO METROPOLITANO DE QUITO.pdf

—(2012c): «Plan metropolitano de desarrollo 2012-2022». Retrieved December 16, 2014, from http://www.centrocultural-quito.com/imagesFTP/13644.Plan_de_Desarrollo_Local_2012_2022.pdf

—(2014a): Informe de Transición, Quito.

—(2014b): Parque Tecnológico Quito (Informe de Consultoría), Quito.

Molina-Morales, F. X., y Martínez-Fernández, M. T. (2010): «Social Networks: Effects of Social Capital on Firm Innovation», Journal of Small Business Management, 48 (2), 258-279. http://doi.org/10.1111/j.1540-627X.2010.00294.x

Morales Gutiérrez, A. C. (2009): «Innovación social: un ámbito de interés para los servicios sociales», EKAINA, 45 (junio), 151-178.

Mouritsen, J., Larsen, H. T., y Bukh, P. N. (2001): «Valuing the future: intellectual capital supplements at Skandia», Accounting, Auditing y Accountability Journal, 14 (4), 399-422.
http://doi.org/10.1108/09513570110403434

Nelson, R. R., y Winter, S. G. (1982): An Evolutionary Theory of Economic Change, Cambridge, MA, Harvard University Press.

Nonaka, I. (1994): «A Dynamic Theory of Organizational Knowledge Creation», Organization Science, 5 (1), 14-37.
http://doi.org/10.1287/orsc.5.1.14

Placet, M., Anderson, R., y Fowler, K. M. (2005): «Strategies for Sustainability», Research-Technology Management, Volume 48 (5), 32-41. Retrieved from
http://www.ingentaconnect.com/content/iri/rtm/2005/00000048/000000 05/art00009

Quito-Cultura (2015): «Información cultural». Retrieved May 10, 2016, from http://www.quitocultura.info/

Quito-Turismo (2014): «Estadísticas de Turismo en Quito». Retrieved May 12, 2016, from http://www.quito-turismo.gob.ec/estadisticas

Rodríguez Herrera, A., y Alvarado Ugarte, H. (2008): Claves de la innovación social en América Latina y el Caribe. Santiago de Chile: CEPAL.

Sánchez, P., Chaminade, C., y Olea, M. (2000): «Management of intangibles - An attempt to build a theory», Journal of Intellectual Capital, 1 (4), 312-327. http://doi. org/10.1108/14691930010359225

Santos-Rodrigues, H., Figueroa, P., Jardon, C. M. F., y Dorrego, P. (2010): «The Influence of Human Capital On The Innovatiness Of Firms», International Business Economics Research Journal, 9(9), 53-63. Retrieved from
http://proquest.umi.com.library.capella.edu/pqdweb?did=2127652471&F mt=7&clientId=62763&RQT=309&VName=PQD

Schiuma, G., y Lerro, A. (2008): «Knowledge-based capital in building regional innovation capacity», Journal of Knowledge Management, 12 (5), 121-136. http://doi. org/10.1108/13673270810902984

Seleim, A., y Bontis, N. (2013): «National Intellectual Capital and Economic Performance: Empirical Evidence from Developing Countries», Knowledge and Process Management, 20 (3), 131-140. http://doi.org/10.1002/kpm.1412

SENPLADES (2009): «Plan Nacional para el Buen Vivir 2009-2013». Retrieved December 21, 2015, from http://www.planificacion.gob.ec/plan-nacional-para-el-buen-vi-vir-2009-2013/

Spencer, L. M., y Spencer, S. M. (1993): Competence at Work: Models for Superior Performance, New York, Wiley.

Subramanian, A. (1996): «Innovativeness: Redefining the concept», Journal of Engineering and Technology Management, 13 (3-4), 223-243. http://doi.org/10.1016/S0923-4748(96)01007-7

Tawy, N. El, y Tollington, T. (2012): «Intellectual capital: literature review», International Journal of Learning and Intellectual Capital, 9 (3), 241. http://doi.org/10.1504/ IJLIC.2012.047286

UN (1992): «División de Desarrollo Sostenible de las Naciones Unidas». Retrieved November 2, 2014. From http://www.un.org/spanish/esa/sustdev/agenda21/agenda21spchapter2.htm

Wan, D., Ong, C. H., y Lee, F. (2005): «Determinants of firm innovation in Singapor», Technovation, 25 (3), 261-268. http://doi.org/10.1016/S0166-4972(03)00096-8

Yates, D., Purkey, D., Flores-Lopez, F., Forni, L., Estacio, J., Depsky, N., y Tehelen, K. (2013): «Distrito Metropolitano de Quito: Análisis Integrado de Amenazas Relacionada con el Cambio Climático, aspectos naturales y socioeconómicos». Retrieved November 17, 2016, from http://www.quitoambiente.gob.ec/ambiente/phocadownload/cambio_cli matico/Proyectos/wp1_analisis_clima_ DMQ.pdf

Zambrano, L. G., Merino, J. D. G., y Castellanos, A. R. (2012): «Impacto de la inversión en capital humano sobre el valor empresarial», Academia (51), 15-26. Retrieved from http:// www.scopus.com/inward/record.url?eid=2-s2.0-84874058567&partnerID=tZOtx3y1

Klaus Gierhake[1], Arturo Curiel[2]

(2017)

Ciudades creativas en el Pacífico latinoamericano latitud norte 0-20° (Quito-Guadalajara) / Creative Cities in the Pacific Basin of Latin American - North Latitude 0-20° (Quito-Guadalajara)

This article has been originally published in:

México y la Cuenca del Pacífico **6**(16) 51-77

doi: 10.32870/mycp.v6i16.521

[1] Universitat Giessen, Zentrum für internationale Entwicklungs- und Umweltforschung. Senckenbergstraße 3, D-35390 Giessen, Alemania. Correo electrónico: gierhake@gmail.com

[2] Universidad de Guadalajara, Instituto de Medio Ambiente y Comunidades Humanas. Km.15.5 carretera Guadalajara-Nogales, Las Agujas, Zapopan, Jalisco, México. ORCID http:// orcid.org/0000-0001-5287-6985 Correo electrónico: curielarturo68@gmail.com

Resumen: En la Red de Ciudades Creativas de la unesco, a 0-20° de latitud norte del planeta, hay 10 ciudades reconocidas en esta categoría, la mitad de ellas en América y el 60% del total en la cuenca del Pacífico. Sólo dos de las 10 ciudades se encuentran dentro de las 100 ciudades más pobladas del mundo: Bogotá, Colombia, y Singapur. Guadalajara, México, se encuentra entre las más pobladas de América Latina, no se han analizado sus condiciones para calificarla como una ciudad creativa. Sin lugar a dudas Guadalajara muestra muchos ejemplos de la creatividad. Quito, Ecuador, sólo en el ámbito nacional es una ciudad poblada, y así no se ha tratado de participar en la red de la unesco. Por otro lado, Quito ha establecido una política de desarrollo local que incluye muchas características de un territorio creativo. Teniendo en cuenta este ajuste, en este estudio se realiza una primera aproximación de Quito y Guadalajara como ciudades creativas. En un contexto más amplio este análisis contribuye a los desafíos del siglo xxi, como los cambios globales que amenazan la estabilidad de la vida y el desarrollo que necesitan soluciones nuevas y creativas en el ámbito local.

Palabras clave: territorio creativo, ciudades creativas, conocimiento local, cultura política.

Abstract: In unesco's Creative Cities Network, at the 0-20° latitude regions in our planet's northern hemisphere, there are 10 cities recognized as being in this category, half in America and 60% of them on the Pacific Rim basin. Only two of these ten cities are included among the world's 100 most-populated cities: Bogotá, Colombia, and Singapore. Guadalajara, Mexico, is among the most populated cities in Latin America, but its conditions have not yet been assessed in order to qualify as a creative city. Without a doubt, Guadalajara exhibits many examples of creativity. Quito, Ecuador, is considered a populous city only at the national level, and thus has not sought to become part of the unesco network. Yet, Quito has established a local development policy that includes many of the features of a creative territory. Taking into account this alignment, this study performs a first assessment of Quito and Guadalajara as creative cities. In a broader context, this analysis contributes to the challenges of the 21st century, such as the global changes that threaten the stability of life and development, demanding new and creative solutions at a local level.

Keywords: creative territory, creative cities, local knowledge, political culture.

1. Introducción

El tema de las ciudades y los gobiernos locales ocupa un espacio importante en la discusión internacional sobre perspectivas del desarrollo y, en particular, en el discurso de la cooperación internacional (Comisión Europea, 2007; Commission of The European Communities, 2008), reflejado sobre enfoques específicos en el rol de las ciudades para responder a los cambios globales y los retos del futuro desarrollo mundial. En la Agenda 2030 para el Desarrollo

Sostenible de las Naciones Unidas, el Objetivo 11 es: "Lograr que las ciudades y los asentamientos humanos sean inclusivos, seguros, resilientes y sostenibles" (Naciones Unidas, 2015: 16); se reconoce con ello que las ciudades son territorios vulnerables a diversas amenazas locales y globales, y que lo mismo conlleva al reto de reconocer que la alta demanda para recuperar seguridad, resiliencia y sostenibilidad en estos espacios de vivienda, trabajo y recreación, debe ser compensada con una oferta creativa e innovadora, aprovechando que las ciudades son hervideros de ideas, comercio, cultura, ciencia, productividad, desarrollo social y mucho más.

Se considera que los problemas comunes de las ciudades son la expansión, la congestión, la falta de fondos para prestar servicios básicos, la escasez de vivienda adecuada y trabajo digno, el deterioro de la infraestructura y la exposición a estresantes sociales y ambientales. De igual manera, se plantea que los problemas que enfrentan las ciudades se pueden vencer de manera que les permitan seguir prosperando y creciendo, y al mismo tiempo aprovechar mejor los recursos y reducir la contaminación y la pobreza.

La red de ciudades europeas Eurocities reconoce cinco áreas focales prioritarias para las metrópolis: "Calidad del trabajo y crecimiento sostenido; inclusiva, diversa y creativa; verdes, movilidad libre y ciudades saludables; ciudades inteligentes; ciudades con innovación y gobernanza urbana" (Eurocities, 2016: 2-5). Referente a ciudades creativas, se liga con una creatividad innovadora que genera oportunidades de economía local y en el extranjero, y que mejoran su atractivo cultural; una cultura que contribuye de manera directa a la calidad de vida y bienestar en las ciudades y es un importante mecanismo de inclusión social. Además, las ciudades son territorios de primera importancia para atender los cambios globales. Las ciudades son los mayores emisores de gases de efecto invernadero, pero también en donde habitan las poblaciones más vulnerables a estos cambios (un Habitat, 2011). Dentro de esos retos, el uso del suelo y sus cambios representan una línea de discusión desde la creatividad, al cuestionar la capacidad de convivencia no sólo en un marco multicultural, sino en el de ecosistemas y asentamientos humanos con bienestar.

Los altos niveles de urbanización (metropolización) en América Latina sugieren la necesidad de enfoques nuevos para tratar adecuadamente estos retos de desarrollo (Bähr y Mertins, 1995; Kröhnert, 2007; Barrera, 2013).

Un discurso de las ciencias políticas sobre los logros y retos en la cooperación con gobiernos locales en América Latina sugiere prioridades interesantes para futuros trabajos. Se identifican nueve componentes:

> [...] capaces de modificar el statu quo en las ciudades: 1. La inscripción en el sistema internacional; 2. La capacidad productiva, su dinamismo e integración; 3. El desarrollo sustentable, en particular su presencia en la agenda nacional; 4. La inclusión social y sus políticas para reducir la pobreza y la desigualdad social; 5. El sistema educativo y la calidad del aprendizaje; 6. El proyecto de desarrollo nacional y la capacidad de concertación social; 7. La capacidad de dirección del Estado; 8. El estado de derecho y el respeto de la justicia y la legalidad; y 9. El arraigo de la cultura cívica (Friedrich Ebert Stiftung, 2011: 14 y 15).

En este trabajo se analiza una serie de experiencias en un nivel práctico que tienen alto potencial para alimentar la discusión teórica sobre territorios comunales y su capacidad de creatividad e innovación social, política o económica. Se estudian los casos de Quito (Ecuador) y Guadalajara (México) en el entorno global que representa el Océano Pacífico en la latitud 0 a 20° norte; se discuten conceptos y avances sobre la gestión de la complejidad del desarrollo urbano en un contexto de cambios globales y la necesidad del desarrollo institucional comunal, enfocando políticas municipales de ordenamiento del uso de suelo, innovación y ciudades inteligentes, entre otros temas clave; con el objetivo de: identificar y asociar procesos de innovación urbana en Quito y Guadalajara con un enfoque de geografía aplicada y su alcance en los procesos de la gestión de la ciudad como territorio creativo.

2. Marco teórico y metodológico

2.1 Ciudades creativas

Como características generales de ciudades creativas se han identificado aquellas que puedan vincularse a una apropiación ciudadana en la forma de hablar o dialogar (en comunidad), trabajar (desde la elección de una tecnología) y desear (desde el consumo y elección de recreación) para lograr un bienestar y/o una libertad; incluyen también las maneras de articular el poder político local con el poder económico globalizado, donde se consideran como principios: la armonía, la paz, la responsabilidad, la empatía del entorno inmediato y la expectativa de bienestar. Estos principios se respaldan a través de la infraestructura cultural existente en la ciudad, que abarca universidades (vivir en una ciudad y haber asistido a una universidad, son las dos condiciones que con mayor frecuencia cumplen quienes llegan a una vida longeva) y otros centros de investigación; espacios acondicionados para exponer varias formas culturales; comunicación de novedades para fomentar la voluntad de aprender y adaptar; asumir responsabilidades para ejecutar los cambios.

Como características específicas se pueden enumerar las siguientes: llegada de una nueva clase al poder por sus aportes a la sociedad desde la innovación para el bienestar; impactos magnéticos de ideas nuevas y percepciones sobre el desarrollo mundial; intercambio cultural que sobrepasa varios subsectores culturales; tensión social entre viejos y nuevos valores; cambio de las redes

> Se considera que los problemas comunes de las ciudades son la expansión, la congestión, la falta
>
> de fondos para prestar servicios básicos, la escasez de vivienda adecuada y trabajo digno, el deterioro de la infraestructura y la exposición a estresantes sociales y ambientales

sociales y mezcla entre varias redes existentes; espacios físicos que promuevan la interacción, accesibilidad local/ internacional (Suwala, 2014). A lo anterior podríamos agregar: atmósfera creativa y mercados locales.

La unesco introdujo el concepto de ciudades creativas para crear una red de ciudades que reconozcan la creatividad como un factor estratégico de desarrollo sostenible con expresiones económicas, sociales, culturales y ambientales (unesco, 2004).

La discusión sobre entorno creativo representa una línea de los trabajos de la geografía económica social en los años 1980-1990, enfocado sobre todo hacia los procesos económicos en los territorios y sus impactos, y territorios europeos (Butzin, 2000; Fromhold-Eisebith, 1995; Jekel y Fromhold-Eisebith, 2003). Trabajos recientes que ampliaron la perspectiva teórica sobre territorios creativos, distinguen perspectivas económicas, tecnológicas, científicas y culturales de la creatividad y sus respectivas expresiones territoriales que ofrecen resultados interesantes, entre otros, un resumen de las condiciones de localización para territorios creativos (Suwala, 2014). Para llegar a este objetivo el trabajo lleva consigo un nuevo enfoque del desarrollo social-político-cultural en América Latina con los parámetros del concepto: territorio-creatividad-cultura.

Los principales resultados alcanzados en trabajos previos dentro de este enfoque indican que existe una relación entre el tamaño de las ciudades y la creatividad cultural, aunque no se identificaron límites de población para definir a partir de qué tamaño ese efecto pasa a ser significativo, considerando además su posición latitudinal en el planeta. Por otra parte, las grandes ciudades combinan ventajas de: experiencia, accesibilidad territorial, localización, urbanización, ofrecen una masa crítica que produce efectos multiplicadores tanto para los productores como para los consumidores de valores culturales y combinan espacios culturales abiertos. En ese sentido, parece que el tamaño de la ciudad es un factor esencial para la creatividad. Otro de los resultados obtenidos señala que las posibilidades de expresión cultural pueden contribuir a la integración social, al desarrollo económico y a la regeneración de espacios urbanos (Suwala, 2014). Estos resultados sirven como hipótesis de trabajo para discutir su validez en los casos aquí abordados.

2.2   La perspectiva de la geografía aplicada

Esta perspectiva se presta como base conceptual para esta investigación. Entre los temas sobre los cuales esta disciplina de la geografía se aplica muy frecuentemente, se pueden mencionar los siguientes: temas administrativos en general, sistemas de organización, administración pública, economía o transporte. No se cuenta con un juego típico de tareas para aplicar, ni de métodos estándar para la investigación. Como hipótesis básica de este concepto merece mencionarse que todas las actividades con impactos territoriales de una sociedad siempre son el resultado de decisiones políticas. Geografía aplicada tomó el proceso de discusión y retroalimentación entre teoría y práctica como un guión principal. No se trata de trabajar con propuestas de análisis prefabricadas, sino con la transferencia de conocimientos (conceptos) existentes hacia temas nuevos. En este contexto, análisis de impactos, evaluación de objetivos y conceptos, planificación e implementación, representan los pasos principales para la integración de conocimientos existentes en temas nuevos (Rohr, 1994). Este enfoque conceptual abierto se ofrece como instrumento conveniente para analizar perspectivas y limitaciones de redes comunales y para solucionar desafíos globales.

El enfoque que se retoma es el de la cultura política, que describe cómo se organiza e implementa el poder político, factor además relacionado con el capital social para el bienestar (ocde, 2013) desde donde se marca la diferencia para una ciudad creativa, ya que trata de las conexiones que hay en una comunidad, las maneras en que la gente interactúa y se relaciona, incluye la habilidad de grupos de personas para conformar gobiernos comprometidos con los problemas comunes y la capacidad de las personas para formar alianzas que se encarguen de crear bienes y servicios para satisfacer las necesidades de la comunidad. La ocde considera que:

> [...] el capital social es el resultado de factores históricos, culturales y sociales; base de normas, valores y relaciones sociales que unen a la gente en redes o asociaciones que resultan en acciones colectivas. El capital social tiene que ver también con la confianza en las instituciones, con la libertad de expresión sin miedo a las represalias, con una percepción de seguridad (ocde, 2013: 187).

La demanda social que aquí se toma como referencia es el bienestar que se contrasta con las ofertas culturales que una ciudad ofrece, considerando como ejemplo Quito y Guadalajara.

Esta expresión de la cultura cuenta con tres elementos clave: las opiniones, las actitudes y los valores.

- Las opiniones señalan las manifestaciones cotidianas de la cultura.
- Las actitudes indican las preferencias políticas y son moderadamente estables.
- Los valores señalan la principal fuente de cultura de un territorio, pues incluyen los valores generales en la sociedad, por lo que suelen ser muy estables.

La cultura política actúa sobre las tendencias generales de opinión pública que se muestran en una sociedad, concentrándose sobre los factores que puedan cambiar la conciencia colectiva, relacionados con la educación, la situación económica y política. Las principales variables comprenden: el apoyo para la pertinencia e identidad con un sistema (sentirse orgulloso de pertenecer a un país, un territorio, una institución); la comunicación política (¿se pueden discutir asuntos políticos en espacios públicos?); y la participación política (sensibilidad para pluralismo, consenso, participación, acceso a información y su uso) (BpB, 2013; Knoop, 1996).

El desarrollo territorial, incluyendo la modernización de la administración, hace necesario trabajar con datos cualitativos en una primera parte de las investigaciones orientadas hacia un nuevo enfoque de territorios creativos para ciudades. Una vez analizada la viabilidad general del concepto de análisis, se pueden identificar posibilidades de conseguir datos cuantitativos y la necesidad de discutir nuevos indicadores. En el caso de la cultura de la política local se revisó documentación disponible de las administraciones recientes, complementada por entrevistas, para analizar bases para construir un criterio de localización adicional para ciudades creativas y especificar variables posibles. Los instrumentos de recolección de datos utilizados fueron encuestas, entrevistas semiestructuradas y talleres con expertos, tanto dentro de la institución que lidera la política, como en los cuerpos académicos y la población con mayoría de edad que habita la ciudad. Complementariamente se llevó a cabo un análisis de plausibilidad y coherencia de documentos legales y de planificación municipal claves.

3. El territorio: Pacífico latinoamericano latitud norte 0-20°

El Océano Pacífico es el territorio más grande del mundo, donde se suceden cambios que tienen repercusiones locales y globales. En general el hemisferio norte del planeta presenta los mayores cambios, en parte por tener mayor masa continental (74%), y por lo consiguiente, de cultura.

Por otra parte, el océano es un territorio que muestra la articulación indivisible de fenómenos climáticos que tienen repercusiones en el Pacífico latinoamericano 0-20° norte: El Niño-sequía, El Niño-huracanes, lluvias intensas-mar de fondo.

En la naturaleza existe como regla que donde están los agentes que generan daño, ahí están los que generan la resiliencia. En ese sentido, también habría que reconocer que existe en la región de estudio la posibilidad creativa de atender las demandas de enfrentarse a los desastres y, mejor aún, de manejo de riesgos locales derivados de cambios globales, a partir de reconocer la amplia diversidad presente, otro referente de la creatividad.

3.1 Distrito metropolitano Quito (DMQ) y zona metropolitana de Guadalajara (ZMG) en el contexto de ciudades creativas

El DMQ cuenta con una superficie de aproximadamente 4,200 km2, mientras que la ZMG 2,734 km^2; el DMQ se ubica en una altitud que va de 500 hasta 4,800 metros sobre el nivel del mar, mientras que la ZMG va de los 700 a los 2,000 msnm; el DMQ alberga 17 ecosistemas diferentes, mientras que la ZMG siete. Aproximadamente 2.5 millones de personas viven en el DMQ, concentradas sobre todo en la ciudad de Quito y las cabeceras de 33 parroquias rurales. En la ZMG habitan 4.5 millones, la mayoría en el municipio de Guadalajara. En ambas metrópolis se sufre el cambio global de procesos de urbanización dinámicos y poco ordenados. Los flujos de transporte entre los centros poblacionales nacionales y con viajeros internacionales siguen creciendo de forma dinámica. Un aumento de la presión sobre el uso del territorio es muy evidente, poniendo en riesgo la permanencia de ecosistemas de alta biodiversidad en barrancas y montañas y sus servicios, de los que depende el bienestar de los habitantes de la ciudad, tanto los servicios de regulación de desastres como el de aprovisionamiento de alimento, a través de zonas con alto potencial en la producción de cultivos que son eliminadas con el crecimiento de la ciudad. En ambas ciudades se presentan programas de desarrollo territorial, con gobiernos estatales y municipales que cuentan con una tradición en la planificación de desarrollo que ha sobrevivido la época neoliberal; merecen resaltarse avances respecto a instrumentos específicos de planificación y, sobre todo, al concepto general de planificación y ordenamiento territorial (MDMQ, 2012; DMQ, 2012; Gierhake, 2015).

Con el Plan de Desarrollo Metropolitano, complementado por el Plan de Ordenamiento Territorial municipal y/o estatal, se ha creado un instrumento de gestión que ha tenido como elementos principales la potencial reducción de los problemas sociales y ambientales provocados por el crecimiento urbano no ordenado, pero que su avance en ambas zonas de estudio es contrastante. Sobre esta base, se formularon en el DMQ cinco objetivos superiores: 1. Concentrar el desarrollo sobre los aspectos humanos y emplear una perspectiva territorial; 2. Desarrollar el DMQ según funciones sociales y territoriales y, enfocar sobre todo bienes públicos; 3. Fomentar un proceso de desarrollo integral, en el sentido cultural, ecológico, social, económico y contribuir al establecimiento de una identidad local; 4. Promover un proceso de modernización general que incluya instrumentos de tecnología y de comunicación y, 5. Implementar una gestión territorial democrática que incluye la movilización de los actores sociales y las posibilidades de ejercer los derechos de la ciudadanía (MDMQ, 2012).

Al respecto, para la ZMG se retoma la política de bienestar con seis objetivos de desarrollo planteados: 1. Gobierno coordinado con políticas transversales; 2. Vida larga, saludable y sustentable; 3. Oportunidades para todos; 4. Certeza jurídica, acceso a la justicia y tranquilidad; 5. Integración productiva y economía familiar, y 6. Comunidad, convivencia y recreación.

Como criterios de ordenamiento territorial para la metrópoli, destacan: construcción de vivienda y espacios públicos únicamente en sitios sin presencia de riesgos "naturales" (inundaciones, deslizamientos, licuefacción); establecer mecanismos legales y financieros para reorientar el consumo o mercado del suelo para limitar el crecimiento urbano expansivo; evitar el establecimiento de asentamientos humanos en suelos con alta fertilidad y/o áreas naturales protegidas; y promover e impulsar el establecimiento de áreas verdes (parques públicos).

Con la publicación del Plan Buen Vivir y su estrategia territorial para todo Ecuador, se manifestó el interés político en este tema al mayor nivel (Senplades, 2009). Sin pretender presentar un resumen detallado del discurso y su evolución, este trabajo se concentra sobre algunas expresiones centrales de esta discusión que ayudan para entender la forma de la discusión territorial entre 2009-2014 para el DMQ.

Un contraste que llama la atención es que mientras en el DMQ se ubica el 20% de la población analfabeta de Ecuador con una población de 97,959 personas mayores de 15 años que no saben leer ni escribir, la ZMG concentra el 43.46% de la población analfabeta de Jalisco que equivalen a 139,309 personas en esta condición.

En el DMQ en 2007 la Encuesta de Uso del Tiempo registra que la mayor parte del mismo se dedicó a ver televisión, actividad seguida por escuchar radio y actividades físicas deportivas y recreativas. La menor cantidad de tiempo se dedica a la lectura de libros y revistas.

Respecto a la ZMG, la encuesta del observatorio ciudadano Jalisco ¿Cómo Vamos?, registra que la mayor parte del tiempo destinado a las actividades recreativas y culturales son: ver televisión, escuchar radio, leer, usar Internet por diversión, practicar una actividad física o deporte. La menor cantidad de tiempo se dedica a jugar videojuegos (Jalisco ¿Cómo vamos? Observatorio ciudadano, 2014).

Para ambas ciudades los problemas estructurales que muestran expresiones territoriales son la asimetría en el desarrollo, la fragmentación, heterogeneidad y desarticulación (Barrera, 2007).

Una diferencia encontrada en ambas ciudades es que mientras en el DMQ la formación universitaria específica no existe en la zona (Pontificia Universidad Católica del Ecuador, 2016), en la ZMG existe la formación desde licenciatura a doctorado y la experiencia de trabajo ínter e intrainstitucional para la elaboración de propuestas de ordenamiento territorial a nivel estatal y municipal, además para áreas naturales protegidas circundantes (Universidad de Guadalajara, 2016, 1997).

Desde la perspectiva de competitividad, la ZMG se considera como una de las más competitivas por su sector servicios (especialmente educación y turismo), y como un destino atractivo para la inversión en sectores como las tecnologías de la información y comunicación (tic). El mayor reto que enfrenta la zona metropolitana de Guadalajara es lograr que el continuo crecimiento de la ciudad ocurra sin erosionar la calidad de vida de la población. Para ello es urgente fortalecer los mecanismos de gobernanza metropolitana e intermunicipal para que los municipios operen conjuntamente temas como el desarrollo urbano, el transporte, los residuos y el agua con grupos principales de la sociedad. En materia de desarrollo urbano, se considera importante frenar el rápido crecimiento de municipios remotos y sin acceso a servicios y equipamiento urbano, ya que la suburbanización descontrolada de la ciudad reduce el nivel de vida de sus habitantes.

Con la modernización de la administración comunal en el DMQ se estableció una cierta base estructural para desarrollar una cultura de política local propia, teniendo en cuenta la estructura de la organización administrativa, la organización del funcionamiento y programas específicos que apuntan a elementos principales de la cultura política. En el caso de la ZMG, respecto a comunicación se establecieron varios observatorios locales donde se toma el pulso a la opinión ciudadana. El gran problema es que la sociedad en la

ZMG no visualiza algunos cambios globales como problemas: cambio climático, expansión urbana o degradación del suelo.

Cuadro 1

Contrastes y resultados de los grupos principales de la sociedad: comunidad científica y gobierno, en Quito (DMQ) y Guadalajara (ZMG) sobre el territorio en el contexto de ciudades creativas

DMQ	ZMG
El abordaje del territorio queda a un nivel de descripción simple registrada en publicaciones científicas. La base institucional educativa específica (facultades de geografía/ ordenamiento territorial, etc.) ha quedado limitada a una universidad y un instituto en todo el país y responde a una necesidad educativa general, más que a la atención a demandas del territorio. La gran mayoría de las publicaciones de científicos del país no citan a los autores de referencia sobre análisis territorial o la relación entre innovación y territorio.	La academia no sólo hace descripciones sino diagnósticos desde la perspectiva del desarrollo sostenible, salud ambiental y cambios globales. Se desarrollan estudios de prospectiva e identifican criterios de ordenación territorial, llegando no sólo a la publicación científica, sino a la publicación en diarios oficiales integrando aportes a la política pública. El trabajo en ocasiones se realiza desde las áreas de geografía y ordenación territorial, pero también desde la conformación de grupos núcleos interdisciplinarios vinculados a equipos multidisciplinarios de expertos dentro de universidades de diferentes partes del país y del mundo.
Aun cuando en los años 1990/2000 se contó con la presencia de algunas cooperaciones internacionales (Barrera 2007), para la elaboración de los instrumentos principales de gestión territorial en el DMQ 2009-2014 no hubo cooperación internacional (Gierhake, 2015).	La cooperación internacional se ha dado de dos maneras: con el aporte de recursos económicos —como fue el caso del primer Atlas de riesgo de la ZMG, con financiamiento del Banco Mundial—. Y la otra manera es a través de pares adscritos a diversas universidades europeas, con la

	uicn (Unión Internacional para la Conservación de la Naturaleza) y la Organización Mundial de la Salud.
Llama la atención la alta calidad conceptual del Plan de Desarrollo Metropolitano y del Plan de Ordenamiento Territorial. En el contexto de lo mencionado anteriormente, no sorprenden los problemas de transmitir los mensajes principales de estos documentos a actores institucionales clave, como p. ej. la academia (Gierhake, 2015).	Aun cuando los planes generados son innovadores y se han integrado a la política pública, como es el caso del Ordenamiento Ecológico Territorial (Semadet, 2016), no logran incorporarse los criterios a una operación de política pública donde el interés social predomine sobre un interés particular. Incluso se observa una tendencia a privatizar bienes comunes y patrimoniales, o a desplazarlos, sin respetar las políticas de conservación y protección publicadas en el Diario Oficial.

La estructura general de la administración tanto en el DMQ como en la ZMG llevó a cabo una transformación con idea de adaptarse a un modelo más innovador del territorio. En Quito, las responsabilidades de planificación e implementación fueron concentradas en el nivel gerencial más alto de la institución (alcalde, vicealcalde, Secretaría de Planificación); las empresas comunales fueron integradas en la estructura sectorial de la administración, lo que permitió aprovechar mejor las habilidades de cada nivel (lo político: creación de secretarías; lo operativo: empresas públicas); la Secretaría de Planificación asumió la responsabilidad de coordinación, una función adscrita a los asesores del alcalde en el gobierno anterior, y la función de coordinación general fue institucionalizada de una manera más fuerte; el rol del Instituto de la Ciudad, creado anteriormente, se precisó como entidad de investigaciones aplicadas para la administración. Por su parte, en el estado de Jalisco se creó la Secretaría de Medio Ambiente y Desarrollo Territorial (Semadet) inaugurando la posibilidad de una planeación no separada entre ciudad y territorios productores de alimentos y/o áreas naturales (sin embargo, después de tres años de esta acción no se han logrado detener los procesos de degradación y aquéllos estresantes detonados por la expansión de la ZMG). A nivel municipal, Guadalajara ha creado una Coordinación General de Gestión Integral de la Ciudad.

Respecto a competitividad, la ZMG está evaluada desde 10 referentes. La mejor evaluación se produce dentro de los llamados "sectores precursores" (referido a infraestructura para la comunicación); ahí se encuentra en el tercer lugar nacional. Le sigue con una evaluación adecuada el referido al aprovechamiento de relaciones internacionales.

Se construyó una identidad compartida en el DMQ logrando aprovechar la memoria institucional existente. Esta estructura básica ayudó a la implementación de nuevos proyectos, sobre todo de carácter multisectorial (Ordenamiento Territorial, Estrategia Adaptación al Cambio Climático, Agenda Digital, Planificación integral del Transporte, etc.) (Gierhake, 2015). En cuanto a la ZMG, en la cultura política local es frecuente el cambio de partido político de los presidentes municipales, que se basa en voto de castigo ciudadano y la fantasía de encontrar líderes que representen los intereses de la sociedad, lo que con frecuencia lleva a la desilusión; incluso, ante la proximidad de un cambio de gobierno, los medios y representantes sociales, en lugar de hacer un balance del desempeño logrado vs. lo comprometido, buscan identificar al bueno para el próximo periodo y congratularse con él (utilizo él y no ella, pues no ha existido una mujer en el sitio de la presidencia o de la gubernatura).

Bajo el tema Innovación y Ciudades Inteligentes, el alcalde de Quito presentó un programa para llevar el concepto teórico de la cultura política a un nivel práctico (Barrera, 2013), integrando aspectos tales como la comunicación, la participación y la creación de identidad y pertenencia a la institución (BpB, 2012). Considerando los lineamientos principales de este nuevo paradigma, el DMQ presentó un programa que tiene potencial de lograr cambios en cada una de las perspectivas mencionadas. Como proyectos concretos para mejorar la comunicación sobre la política local merecen mencionarse los descritos en el cuadro siguiente.

Cuadro 2

Líneas principales para mejorar la participación pública en política local en Quito (DMQ) y Guadalajara (ZMG) para alcanzar metas de la planificación territorial

DMQ	ZMG
Campus Party, la Internet libre, los premios a la innovación, las ferias universitarias. En 2013 reunió a 2,500 campuseros (por tercer año consecutivo) que participaron durante cinco días de ponencias, talleres, debates y conferencia sobre ciencia, innovación, cultura digital y creatividad. Se presentaron como retos a realizar: sistemas de monitoreo climático ambiental para la ciudad, la medición del caudal y presión de tuberías de agua, el consumo de las principales líneas de distribución eléctrica y el envío de alertas cuando sobrepasen medidas máximas.	En 2015 y por tres años, Campus Party se desarrolla en Guadalajara con el apoyo del Gobierno del estado de Jalisco, motivando a jóvenes a la innovación y desarrollo tecnológico con dos retos en este año: la creación de aplicaciones que contribuyan al combate contra la corrupción y a la evaluación de resultados de funcionarios del Gobierno de Jalisco, misma que se ha venido realizando en el marco de talleres de evaluación del Plan de Desarrollo y de la política estatal en la ciudad.
Sistema metropolitano de información con gestión de información a través de: Sistema de Indicadores de Situación; Sistema de Indicadores de Gestión; Sistema de Indicadores de Participación e Índice de Calidad de Vida.	La ZMG tiene un sistema de monitoreo de la calidad de aire operado por el Gobierno del estado de Jalisco

Medidas sobre calidad de vida inteligente, como p. ej. la gestión integral de riesgos, sistemas integrados de seguridad, las actividades desarrolladas en los Centros de Desarrollo Comunal. El DMQ cuenta con un Atlas de amenazas naturales y exposición de infraestructura donde se revisa el Plan Metropolitano de Ordenamiento Territorial, que incluye la gestión del riesgo en la organización de zonas de protección y usos de suelo. Se presentan como principales amenazas: los movimientos en masa e inundaciones; las amenazas volcánicas y sísmicas. Se han elaborado los mapas de exposición frente a la sismicidad, a la actividad volcánica (lahares), a movimientos en masa, a incendios forestales y los de susceptibilidad a inundaciones de vías principales y barrios.	Se han desarrollado para la ZMG diagnósticos de riesgos agudos: geológicos, hidrometeorológicos, químico-tecnológicos y socio-organizativos; además riesgos crónicos como los referidos a la contaminación atmosférica; pero su gestión integral no ha avanzado como se requiere para evitar muertes prematuras; de manera particular el mayor riesgo es la muerte por accidentes automovilísticos. La delincuencia es otra de las preocupaciones sociales que se han vuelto cotidianas y que no han alcanzado una solución.

La Agenda Digital es un espacio en la web desde el cual en 2013 se convocó a la ciudadanía a través del uso de nuevas tecnologías a participar en el diseño de la ciudad de 2022. En una cultura de innovación que fomenta la creatividad para la resolución de problemas a través de tres etapas: 1. Análisis del Plan Metropolitano de Desarrollo, iniciativas que se están desarrollando y prácticas internacionales; 2. Espacio colaborativo con actores de gobierno y expertos, y 3. Generación de propuestas gobierno con la ciudadanía. —En 2016 esta Agenda ya no existe por el cambio de gobierno.	Durante 2016 se abrieron varios foros para recibir comentarios del Plan de Ordenamiento Territorial Metropolitano elaborado por el Gobierno. En general este Plan, fuera de incluir como parte de una problemática la expansión urbana, no hay ninguna otra visión estratégica reconocible desde una perspectiva de equilibrio ambiental o resiliencia ante cambios globales. Lo presentado carece de una visión y estructura para hacer posible el desarrollo sustentable en el territorio, y tiene grandes vacíos metodológicos desde esta racionalidad. En la presentación del proceso utilizado predomina un sesgo a dar importancia a las demandas de infraestructura a partir de la tendencia de crecimiento poblacional y de vivienda, sin dar una prioridad al capital social, humano y ambiental indispensable para un desarrollo sustentable.

Sobre la base de una comunicación mejorada, una participación de la ciudadanía aumentada, se puede esperar en Quito fortalecer un sentido de pertenencia e identidad con la institución. De hecho, las entrevistas realizadas sobre la estructura institucional y su funcionamiento comprobaron este proceso (Gierhake, 2015). En la ZMG no hay un sistema dinámico que permita conocer valores objetivos para alcanzar; todavía se identifica que la voluntad política es lo esencial, cuando debería de evaluarse la capacidad política de enfrentar las demandas del desarrollo.

4.   Indicadores de territorio-innovación

Los indicadores se presentan organizándolos de la siguiente manera: primero, se presentan los de carácter general (1-3), los específicos (4-13), y aquéllos propuestos para ampliar el sistema de indicadores (14-16). En cuanto a los primeros dos grupos, se trabaja con traducción de las características de ciudades creativas, tal como fueron documentadas (Suwala, 2014), combinando un entendimiento clásico de la cultura (teatro, cine, literatura, música, etc.), con el planteamiento más amplio desarrollado en Quito y Guadalajara. En el tercer grupo (14-16) se presentan propuestas para integrar la perspectiva de creatividad para política local en el modelo. Se propusieron dos variables que enfocan el aspecto comunicación en un sentido directo y se transformaron las actividades descritas en Innovación y ciudades inteligentes en variables relacionadas con cultura de política local.

Después de esta visión general de los indicadores, se presenta cada característica identificada para ciudades creativas con su expresión en el DMQ y la ZMG.

Cuadro 3
Indicadores criterio para ciudades creativas

Indicadores generales
1. Infraestructura de universidades/centros de investigación.
2. Amplia plataforma social institucional para la presentación de expresiones culturales.
3. Disposición para la recepción de ofertas culturales (políticas-conceptuales).

Indicadores específicos
4. Voluntad de aprender y hacer operativos los nuevos contenidos.
5. Asumir responsabilidades.
6. Una nueva clase "alta" ha llegado al poder y acumula bienes a partir de negocios lícitos.
7. Impacto "magnético" por ideas nuevas/conceptos generales.
8. Intercambio cultural que sobrepasa diferentes capas de la sociedad.
9. Áreas de "cierta tensión social" entre valores viejos y nuevos.
10. Cambios en las redes sociales y mezclas entre grupos sociales existentes.
11. Demandas por la sociedad civil y política que favorece "valores/bienes públicos".

---

12. Apoyar espacios físicos que facilitan la interacción.
13. Accesibilidad nacional e internacional mejorada.

Propuestas para ampliar el modelo "indicadores para territorios creativos"
14. Comunicación/interacción con la sociedad local.
15. Instrumentos de comunicación (y retroalimentación).
16. Cultura política local

Fuentes: Suwala, 2014 (indicadores 1-13); trabajo propio en Quito 2014 (indicadores 13-16).

La expresión y perspectivas de los indicadores en el DMQ y la ZMG

1. Infraestructura de universidades/centros de investigación.

Expresión. Las universidades y centros de investigación existentes participan de manera interdisciplinaria en políticas de gobierno (asuntos territoriales) con propuestas de gestión pública para el desarrollo sustentable y cultura territorial (Curiel, 2008).

2. Amplia plataforma social institucional para la presentación de expresiones culturales.

Expresión. Se presentan diferentes expresiones culturales en el marco de una conciencia para lo común y el espacio público; además, hermanamiento con otras ciudades para fomentar dichas expresiones y espacios. Se fomenta el desarrollo de modelos de cultura política creativa y la recuperación del sentido de comunidad y bienestar de la sociedad (Quito Alcaldía, 2016; Barrera, 2014; García y Vaca, 2014).

3. Disposición para la recepción de ofertas culturales (políticas conceptuales).

Expresión. Construcción de cohesión territorial e institucional (Barrera, 2014), desarrollo de facultades intelectuales (Quito Alcaldía, 2016; García y Vaca, 2014).

4. Voluntad de aprender y hacer operativos los nuevos contenidos.

Expresión. Conocimiento y actuación para el alcance de objetivos de planes municipales y estatales desde la academia. Avances en ong ambientalistas. Reglamentar más el uso del espacio. Plan Metropolitano y Plan Ordenamiento Territorial de alta calidad, presupuesto para programas nuevos (p. ej. espacio público) y aprovechar conocimiento local (Curiel, 2008).

5. Asumir responsabilidades.

Expresión. Cooperación con organizaciones de base, universidades, empresas de comunicación y ong. Modernización de la administración, transparencia en la ejecución, elaborar/aprobar planes de desarrollo de alta calidad, informes de gestión (Gierhake, 2015; Barrera, 2014). Articulación de socios para avanzar en los objetivos de los planes y programas: gobierno, académico-científicos, comunidades organizadas, incubadoras de empresas, medios de comunicación, ong y pares externos (Curiel, 2015).

6. Una nueva clase ha llegado al poder.

Expresión. En términos políticos llega una nueva clase a las alcaldías. Se considera que la acumulación de bienes económicos (Suwala, 2014) se debe cambiar a la acumulación de influencia política. Se logra incrementar el capital social en las metrópolis al aumentar la confianza en las instituciones que desarrollan ofertas ante las demandas sociales (Curiel, 2014).

7. Impacto magnético por ideas nuevas/conceptos generales.

Expresión. El buen vivir se sintetiza como "la satisfacción de las necesidades, la consecución de una calidad de vida y muerte digna. Nuestro concepto de buen vivir nos obliga a reconstruir lo público para reconocernos, comprendernos y valorarnos unos a otros" (República del Ecuador, 2009: 6; Ramírez, 2008). Esta expresión se puede calificar como idea nueva con potencial magnético a nivel nacional, de desarrollo político/social con perspectivas económicas (MDMQ, 2012; Gierhake, 2015). En Jalisco, estado donde se ubica la ciudad de Guadalajara, considera en su política de bienestar que el aseguramiento de las condiciones materiales es la base sobre la cual es posible pensar un piso adicional sobre elementos inmateriales y subjetivos que influyen de manera importante en la construcción del bienestar, en donde se añaden factores alternativos como las relaciones familiares o interpersonales, la percepción sobre democracia, ciudadanía, solidaridad, calidad de las relaciones sociales, entre otros. Que ya se miden en algunos países bajo la concepción del buen vivir (Gobierno de Jalisco, 2013).

8. *Intercambio cultural que sobrepasa diferentes capas de la sociedad.*

Expresión. Por la estructura de la sociedad multicultural de la metrópoli, la oferta de actividades culturales tiene una gran oportunidad. Nuevos Centros de Desarrollo Comunal fortalece este proceso (Gierhake, 2015). Mejorar los espacios públicos tiene impacto en el mejoramiento del intercambio cultural. Relaciones internacionales del municipio complementan la capacidad de aumentar el intercambio cultural (MDMQ, 2012). En Guadalajara la Feria Internacional del Libro (fil) reúne a 700,000 visitantes, incluidos 100,000 niños y estudiantes y 2,000 editoriales de 80 países (Davies y Calabro, 2013).

9. *Tensión social entre valores viejos y nuevos.*

Expresión. El Buen Vivir ha generado esta tensión esperanzadora en Quito, pero en Guadalajara todos los llamados a valores sociales han sido considerados como abstractos, aun cuando se cuenta con una realidad de que cada año mueren más de mil personas de manera prematura sólo considerando los accidentes en los traslados del peatón, los afectados por exposición a contaminantes y los suicidios, todos ellos ligados a una deficiente política pública; sólo se consideran como indicadores los económicos y no los relacionados con la dignidad de las personas.

10. *Cambios en las redes sociales y mezclas entre grupos sociales existentes.*

Expresión. Varios niveles y mezclas de redes sociales. Cultura multicultural, cultura de inmigrantes (nacionales/internacional) (MDMQ, 2012). Agenda Digital: forma de responder a las necesidades con participación de nuevas redes sociales y productivas. (Quito, Alcaldía Metropolitana, 2013). En Guadalajara una red llamada Wikipolítica, red de voluntarios que busca mejorar la calidad de nuestra democracia, facilitó que un joven de la zona metropolitana de Guadalajara, Pedro Kumamoto, llegara a ser candidato independiente, ciudadano ganador de un espacio en el Congreso del estado de Jalisco y ser diputado electo para el periodo 2015-2018 por una efectiva campaña en redes sociales (WikipolíticaMx, 2016).

11. Demandas por la sociedad civil y política que favorece valores/bienes públicos.

Expresión. Demanda por un cambio de política con mayor autonomía para gobiernos locales; fomento económico comunal, espacios públicos (Barrera, 2014). Consolidación de Plan Buen Vivir; reorganización de la administración municipal (Gierhake, 2015). En Guadalajara se creó por parte de la Universidad de Guadalajara, la Red de Políticas Públicas, que cada año hace un análisis y balance de las demandas principales emanadas de problemas públicos y de reformas estructurales del estado (iippg, 2016).

12. Apoyar espacios físicos que facilitan la interacción.

Expresión. Política comunal de promover infraestructura de espacios públicos, hacerlo de una manera integral (Gierhake, 2015; Barrera, 2014). Plan Metropolitano, Ordenamiento Territorial y estrategia de acción ante el cambio climático, ponen la base.

13. Accesibilidad nacional e internacional mejorada.

Expresión. Ampliación de infraestructura para la interconexión regional y global, redes comunales/ciudades hermanas/zonas de patrimonio de la humanidad; agudeza crítica en la percepción de la ciudadanía.

14. Comunicación/interacción con la sociedad local.

Expresión. Nuevos conceptos de relaciones desde las instituciones públicas. El necesario acrecentamiento de la confianza no sólo en relación con el gobierno-sociedad, sino entre actores sociales como el caso de jóvenes, y la recuperación de la confianza en las leyes y planes. Presencia en actividades públicas, socializar Plan Ordenamiento Territorial con actores de la sociedad.

15. Instrumentos de comunicación (y retroalimentación).

Expresión. Varias comunicaciones del municipio como parte de programa cultural permanente (MDMQ, 2016, 2015). Programas para los Centros de Desarrollo Comunal. Organización de la comunicación e información para la sociedad con varios formatos: anuncios públicos, aplicaciones para telefonía móvil/sms, asambleas comunitarias, diarios y seminarios locales, grupos de discusión, documentales, publicaciones, realities, pósteres, redes sociales, talleres, teatro y videos (Curiel, 2015).

16. Cultura política local.

Expresión. Gobernanza inteligente; ciudadanía inteligente (Campus Party, Internet libre, premio de innovación, sistema metropolitano de información, etc.); medio ambiente inteligente: paisaje y patrimonio; movilidad inteligente: sistema integrado de transporte; calidad de vida inteligente: gestión integral de riesgos, sistemas integrados de seguridad, centros de desarrollo comunal (capacitación, programas de cultura etc.); economía inteligente (Barrera, 2013).

5. Discusión

Para todas las características de ciudades creativas identificadas anteriormente, se encuentran respuestas ilustrativas en el contexto.

Las principales hipótesis sobre ciudades creativas elaboradas a nivel teórico, al igual que un entendimiento más amplio de cultura, se comprueban en el caso del DMQ y la ZMG, que muestran una gran variedad de expresiones culturales y sin duda pertenecen a la categoría de ciudades grandes.

Una de las mayores fortalezas identificadas en el DMQ, es que el municipio dispone de una memoria institucional que ayuda al aprovechamiento de toda la experiencia local, la accesibilidad desde el exterior fue mejorada sustancialmente con la inauguración de nueva infraestructura y varios proyectos contribuyen al mejoramiento de la accesibilidad interna. La proyección de ciudades inteligentes o la concepción de desarrollar y aprovechar los espacios públicos sin duda contribuyeron a la integración social y la regeneración del espacio urbano, e indirectamente al desarrollo económico local.

La discusión sobre los conocimientos locales en zonas metropolitanas representa una base para ampliar (mejorar) el indicador sobre la infraestructura institucional para creatividad territorial.

Los indicadores voluntad de aprender (núm. 4), asumir responsabilidades (núm. 5) y diferentes expresiones culturales (núm. 2) subrayan bien la relación capacidad de crear nuevas políticas y esfuerzos de fortalecer cultural/aprendizaje/ responsabilidades. Esto permite concluir que si bien estos indicadores son válidos, en el proceso de implementar propuestas nuevas se necesita prestar más atención a otros factores complementarios.

Los indicadores impacto magnético (núm. 7), intercambio cultural (núm. 8), demandas por valores públicos (núm. 11) y apoyar espacio físico (núm. 12) afirman la hipótesis de que Quito y Guadalajara albergan un potencial importante como ciudades creativas.

Los indicadores comunicación sociedad civil (núm. 14) e instrumentos (núm. 15) representan una respuesta estructural a las preguntas abiertas del indicador número 10. Además, tienen potencial de ser desarrollados como instrumentos de monitoreo de impacto en un futuro proceso de innovación urbana.

El indicador cultura política local (núm. 17) refleja de manera muy ilustrativa cómo avances en la implementación de una innovación urbana —el Plan Metropolitano Quito 2012 y sus instrumentos— podrían contribuir para apoyar con la discusión al nivel científico/conceptual. Los cinco programas específicos, presentados como ciudad inteligente, representan novedades en la cultura política local. Por otra parte, producen insumos de la realidad cotidiana para los factores que teóricamente tienen influencia sobre un cambio de conciencia, y esto a su vez sobre la cultura política existente en un territorio.

En cuanto a las perspectivas de llegar a datos cuantitativos para medir la capacidad creativa, se puede resumir lo siguiente: estos datos existen para el grupo indicadores generales, sin embargo no están elaborados de esta manera en las estadísticas oficiales. En el caso de los indicadores 4: voluntad de aprender, 5: asumir responsabilidades y 7: impacto magnético de nuevas ideas, el concepto de la responsabilidad social corporativa orientada hacia políticas públicas representa una base para diseñar variables e indicadores adecuados (BertelsmannStiftung, 2007).

6. Conclusiones y perspectivas para futuras investigaciones

Los resultados presentados anteriormente permiten concluir que hay una base cualitativa para discutir los factores que definen territorios creativos. Esta conclusión representa un avance en términos conceptuales en varios sentidos. Por una parte, se amplía el entendimiento tradicional del entorno creativo hacia factores no económicos, sin perder de vista su importancia para analizar los procesos económicos existentes en aquellos entornos creativos (Gierhake, 2015).

Paralelamente, se extiende la comprensión de ciudades creativas hacia perspectivas más generales, que incluyen el marco administrativo-político que permite expresiones culturales.

Estos dos aspectos han permitido una sistematización de indicadores. Los dos planes (Metropolitano y Ordenamiento Territorial) ponen un marco general y facilitan la discusión sobre indicadores territoriales, superando la visión tradicional sobre características de ciudades creativas, dejando de lado la perspectiva de planificación del desarrollo en el fondo de esos dos planes y promoviendo una nueva visión de política local.

Se identificaron campos de acción priorizados para proyectos que enfocan los aspectos comunicación y participación, como por ejemplo el fortalecimiento de la cultura en general.

Sin embargo, todas las personas contactadas coincidieron en que el trabajo de relaciones públicas de la Alcaldía tuvo deficiencias. En otras palabras: no se logró difundir el entendimiento de una nueva cultura de política local hacia la mayoría de la población. La población quiteña no apreció de manera suficiente el modelo de una nueva cultura de política local en el momento de las elecciones; lo mismo en la ZMG.

Los resultados permiten desarrollar una discusión multidisciplinaria sobre conceptos de territorios creativos, sugiriendo aspectos que amplían el análisis. Por ejemplo, es necesario territorializar la discusión sobre cultura de política local, elaborar la discusión politóloga sobre las experiencias de un territorio concreto y, como paso futuro, después de haber incluido otros territorios en una investigación, abstraer los factores territoriales en el desarrollo de una cultura de política comunal.

Del mismo modo, se debe territorializar la discusión sobre conocimiento local, identificar expresiones territoriales del capital humano, estructural y relacional, compararlas con otras zonas de estudio, y abstraer factores de localización generales.

En líneas generales, se puede concluir que con las experiencias del DMQ y la ZMG se dispone de una propuesta de indicadores de localización paraciudades creativas entérminos depolíticas locales. Esto puede comprender muchas expresiones: desde expresiones culturales tradicionales, hasta expresiones nuevas todavía no discutidas en relación con ciudades creativas (política comunal para enfoques de desarrollo territorial). Aparentemente hay un avance en actividades concretas relacionadas con el complejo territorio-creatividad en América Latina que tiene un alto potencial para complementar una corriente de estudios teóricos sobre territorio y sus impactos en Europa (Alemania, como un punto focal en esta discusión). Profundizar este diálogo sobre complementariedad podría producir contribuciones interesantes para discutir retos futuros.

7. Referencias bibliográficas

Bähr, J., y Mertins, G. (1995). Die Lateinamerikanische Gross-Stadt. Verstädterungsprozesse und Stadtstrukturen. Darmstadt, Alemania: Wissenschaftliche Buchgesellschaft.

Barrera, A. (2007). "Agotamiento de la descentralización y oportunidades de cambio en el Ecuador", en: Carrión, F. (Comp.), La descentralización en el Ecuador: Opciones comparadas (pp. 175-206). Quito, Ecuador: flacso/ Senplades/gtz/Cosude/pddl/Prodesimi/btc

Barrera, A. (2013, 16 de noviembre). Alcalde visitó Feria de Universidades "Ciudad Digital e Innovación Social", Prensa Quito Alcaldía. Recuperado de http://prensa.quito.gob.ec/Noticias/news_user_view/alcalde_visito_feria_ de_universidades_ciudad_digital_e_innovacion_social--10240 (Consultado septiembre 14, 2016).

——. (2014). Testimonio de un compromiso cumplido: Informe de gestión 20092014. Quito, Ecuador: Imprenta Editorial Ecuador.

Bertelsmann Stiftung. (2007). The csr Navigator; Public Policies in Africa, the Americas, Asia and Europe. Gütersloh, Alemania: gtz.

BpB-Bundeszentrale für politische Bildung. (2012). "Nachhaltige Entwicklung als kulturelle Herausforderung", Kulturelle Bildung, Gesellschaft. Recuperado de http://www.bpb.de/gesellschaft/kultur/kulturelle-bildung/141210/ nachhaltige-entwicklung-als-kulturelle-herausforderung?p=2 (Consultado marzo 16, 2016).

——. (2013). "Politische Kultur", Nachschlagen. Recuperado de http:// www.bpb.de/nachschlagen/lexika/handwoerterbuch-politischessystem/202093/politische-kultur?p=0 (Consultado marzo 03, 2016).

Butzin, B. (2000). "Netzwerke, Kreative Milieus und Lernende Region: Perspektiven für die regionale Entwicklungsplanung", Zeitschrift für Wirtschaftsgeographie, 44(1): 149-166.

Comisión Europea. (2007). Apoyo de la Comisión Europeaa la descentralización y a la gobernanza local en terceros países. Colección Herramientas y Métodos. Bruselas, Bélgica: Cooperación EuropeAid.

Commission of the European Communities. (2008). Green Paper on Territorial Cohesion: Turning territorial diversity into strength. Communication from the Commission to the Council, the European Parliament, the Committee of the Regions and the European Economic and Social Committee. Bruselas, Bélgica: European Commission.

Curiel, A. (2008). "Construcción de indicadores para una universidad con mayor pertinencia con el desarrollo sustentable de México", en: Curiel, A. (Coord.), Investigación socioambiental: Paradigmas aplicados en salud ambiental y educación ambiental (pp. 275-304). Guadalajara, Jalisco: Universidad de Guadalajara.

——. (2014). "El bienestar futuro de Jalisco", Estudios Jaliscienses, núm. 98, pp. 46-59.

——. (2015). El clima cambiante: Conocimientos para la adaptación en Jalisco. Guadalajara, México: Universidad de Guadalajara.

Davies, R., y Calabro, J. (2013). A Re-Imagined Book Fair. Ontario, Canadá: Ontario Media Development Corporation.

Distrito Metropolitano Quito (DMQ). (2012). Plan Metropolitano de Ordenamiento Territorial 2012-2022. Quito, Ecuador: Municipio de Quito.

Ebert Stiftung, Friedrich. (2011). Nuevos enfoques de desarrollo para México: Escenarios para 2020. Distrito Federal, México: Friedrich Ebert Stiftung. Recuperado de http://www.fesmex.org/Escenarios2020.pdf (Consultado marzo 16, 2016).

Eurocities. (2016). Eurocities Strategic Framework 2014-2020: Towardsanurban agenda for the eu. Bruselas, Bélgica: European Commission.

Fromhold-Eisebith, M. (1995). "Das kreative Milieu als Motor regionalwirtschaftlicher Entwicklung", Geographische Zeitschrift, núm. 83, pp. 30-47. García, E., y Vaca, A. (2014). "Cultura y transversalidad", Estudios Jaliscienses, núm. 98, pp. 6-18.

Gierhake, K. (2015). "Integrierter Umbau der Raumstruktur im Metropolitandistritk Quito (Ecuador) – ein Ansatz zur Diskussion geographischer Innovationsforschung", Universität Gießen, Discussion-Papers-Reihe, núm. 67, pp. 1-37.

Gobierno de Jalisco. (2013, 6 de julio). "Decreto por el que se establece la política de bienestar", El Estado de Jalisco, Periodico Oficial, pp. 5-16.

Instituto de Investigación en Políticas Públicas y Gobierno (iippg). (2016). Fines del Instituto. Recuperado de http://iippg.cucea.udg.mx/?q=fines (Consultado septiembre 14, 2016).

Instituto Mexicano para Competitividad, A. C. (2014). ¿Quién manda aquí?: La gobernanza de las ciudades y el territorio en México. Distrito Federal, México: imco.

Jalisco ¿Cómo vamos? Observatorio ciudadano. (2014). Tercera encuesta de percepción ciudadana sobre calidad de vida. Guadalajara, México: Fundación J. Álvarez del Castillo.

Jekel, T., y Fromhold-Eisebith, M. (2003). "Identität und regionalwirtschaftliche Innovativität; Diskussion eines hypotethischen Zusammenhangs", Geographische Zeitschrift, núm. 91, pp. 115-129.

Knoop, J. (1996). "Die Wiederentdeckung des Bürgers: Bausteine für die kommunalpolitische Kooperation der Friedrich-Ebert-Stiftung in Lateinamerika", Friedrich Ebert Stiftung Digitale Bibliothek. Recuperado de http:// library.fes.de/fulltext/iez/00031toc.htm. (Consultado marzo 03, 2016).

Kröhnert, S. V. (2007). "Bevölkerungsentwicklung in Lateinamerika", Berlin-Institut für Bevölkerung und Entwicklung, Oktober, pp. 1-6.

Municipio Distrito Metropolitano Quito (MDMQ). (2012). Plan Metropolitano de Desarrollo 2012-2022. Quito, Ecuador: Distrito Metropolitano de Quito.

——. (2015). Programación vaq* Verano de Artes Quito 2015. Recuperado de https://issuu.com/municipioquito/docs/vaq2015

——. (2016). Quito: La experiencia de la cultura. Recuperado de http://www. quitocultura.info/

Ocde. (2013). How's Life? París, Francia: ocde.

Organización de las Naciones Unidas. (2015). 70/1. Transformar nuestro mundo: La Agenda 2030 para el Desarrollo Sostenible, Asamblea General, 21 de octubre 2015. Resolución aprobada por la Asamblea General el 25 de septiembre de 2015. Recuperado de http://unctad.org/meetings/es/SessionalDocuments/ares70d1_es.pdf (Consultado septiembre 14, 2016).

Pontificia Universidad Católica del Ecuador. (2016). "Facultad de Ciencias Humanas", Escuela de Ciencias Geográficas. Recuperado de http://www.puce.edu.ec/portal/content/Publicaciones%20 geogr%C3%A1ficas/341?link=oln30.redirect (Consultado marzo 04, 2016).

Quito Alcaldía. (2016). Objetivo estratégico. Secretaría de Cultura. Recuperado de http://www.quito.gob.ec/index.php/secretarias/secretaria-de-cultura (Consultado marzo 16, 2016).

Quito, Alcaldía Metropolitana. (2013). "Agenda Digital Quito 2022, una ciudad digital socialmente innovadora", e Quito. Recuperado de https://www.youtube.com/watch?v=s6nwojxc4p4 (Consultado marzo16, 2016).

Ramírez Gallegos, R. (2008). Igualmente pobres, desigualmente ricos. Quito, Ecuador: Ariel.

República del Ecuador. (2009). Plan Nacional de Desarrollo: Plan Nacional para el Buen Vivir 2009-2013. Quito, Ecuador: Secretaría Nacional de Planificación y Desarrollo.

von Rohr, G. (1994). Angewandte Geographie. Braunschweig, Alemania: Westermann.

Secretaría Nacional de Planificación y Desarrollo (Senplades). (2009). Plan Nacional parael Buen Vivir 2009-2013: Construyendo un Estado plurinacional e intercultural. Quito, Ecuador: República del Ecuador.

Semadet. (2016). "Modelo de ordenamiento ecológico territorial del estado de Jalisco", Información ambiental específica. Recuperado de http://siga.jalisco.gob.mx/moet/ (Consultado marzo 10, 2016).

Suwala, L. (2014). Kreativität, Kultur und Raum: Ein wirtschaftsgeographischer Beitrag am Beispiel des kulturellen Kreativitätsprozesses. Berlín, Alemania: Springer vs.

Un Habitat. (2011). Cities and Climate Change: Global report on human settlements 2011. Washington, dc: Earthscan.

Unesco. (2004). "What is the Creative Cities Network?", Creative Cities Network. Recuperado de http://en.unesco.org/creative-cities/content/ about-us (Consultado marzo 02, 2016).

Universidad de Guadalajara. (1997). "Ordenamiento Ecológico Territorial del estado de Jalisco", Modelo de ordenamiento ecológico territorial del estado de Jalisco. Recuperado de http://siga.jalisco.gob.mx/moet/ (Consultado marzo 04, 2016).

Universidad de Guadalajara-cucsh. (2016). "Departamento de Geografía y Ordenación Territorial", Doctorado en Geografía y Ordenación Territorial. Recuperado de http://www.cucsh.udg.mx/doctorados/doctorado_en_geografia_ordenaci on_territorial (Consultado marzo 04, 2014).

Wikipolítica Mx. (2016). Nosotros. Recuperado de http://wikipolitica.mx/ nosotros/ (Consultado septiembre 14, 2016).

Klaus Gierhake[1], Carlos Maria Fernández-Jardon[2]

(2017)

Indicadores de territorios creativos: una aplicacion al distrito metropolitano Quito / Indicators of creative territories: an application to Quito metropolitan district[3]

This article has been originally published in:

Visión de Futuro **21**(1) 151 - 171

http://revistacientifica.fce.unam.edu.ar/index.php?option=com_co
ntent&view=article&id=488:2018-11-06-21-57-31&catid=201:2018-
07-12-01-42-20&Itemid=100

---

[1] Zentrum für internationale Entwicklungs und Umweltforschung (ZEU) der JustusLiebigUniversität Giessen, Germany gierhake@gmail.com
[2] Departamento de Economía Aplicada Universidad de Vigo (España) IDLAB, National Research University Higher School of Economics Perm, Russian Federation cjardon@uvigo.es
[3] Agradecimientos: Los trabajos de campo en el distrito metropolitano de Quito (DMQ) fueron financiados por la Secretaria Nacional de Educación Superior, Ciencia, Tecnología e Innovación de la República del Ecuador, dentro del programa Prometeo. Se agradece este financiamiento. La confianza encontrada en todas las oficinas mencionadas anteriormente, su disposición para dialogar fue indispensable para lograr los resultados presentados. Estamos agradecidos a todos, merece mencionarse sobre todo a: Fabián Sandoval, Angélica Arias, Jaime López, Fernando Lara (MDMQ 2009-2014) y a Nelson Rodriguez (Universidad Central del Ecuador). También se agradece las sugerencias del equipo editor y los revisores para mejorar este trabajo

Resumen

El trabajo analiza un enfoque europeo sobre las características para ciudades creativas, generalizándolo a territorios creativos, aportando tres novedades: por una parte, se lleva esta idea a América Latina; además, se discute en un área metropolitana (ciudad región) y finalmente, se analiza en el contexto de políticas comunales de desarrollo. En otras palabras, se presenta una propuesta para la creatividad política de un territorio, el Distrito Metropolitano de Quito (Ecuador).

El objetivo de este trabajo, será por tanto, determinar los elementos de la política comunal que facilitan las manifestaciones de los territorios creativos, mostrados en indicadores específicos, de modo que guíen el análisis de la capacidad de los territorios para implementar programas creativos. Para ello, este trabajo analiza una serie de experiencias a nivel práctico, que permiten contrastar una serie de indicadores que enlazan los aspectos de territorio e innovación. En particular, se estudia el caso de Quito (Ecuador), con la idea de descubrir los conceptos y avances sobre la gestión de la complejidad del desarrollo urbano y la necesidad del desarrollo institucional comunal, enfocando políticas municipales de uso de suelo, innovación y ciudades inteligentes. Las conclusiones del trabajo sugieren que las experiencias de Quito permiten discutir indicadores para un paradigma recién formulado: una nueva cultura de política local.

PALABRAS CLAVE: Territorio; Cultura; Entorno Creativo; Política Local; Quito.

Abstract

The paper analyses the European concept of creative cities, generalizing the concept of creative territories, in a new context under three aspects: it deals with creative territories in Latin America, discusses creativity in the context of a metropolitan region and its surrounding areas (ciudad region) and examines creativity in the context of local development politics. More specifically, a creative approach of local development politics in the territory of the Metropolitan District Quito (Ecuador) is proposed.

The paper determines the elements of the communal politics that facilitate the manifestations of the creative territories, shown in specific indicators, so to guide the analysis of the ability of territories to implement creative programs. In order to get this aim, this paper analyzes a series of experiments on a practical level, to contrast a series of indicators that link aspects of territory and innovation. In particular, authors study the case of Quito (Ecuador), with the idea of discovering the concepts and progress on managing the complexity of urban development and the need of the community institutional development, focusing on municipal policies on land use, innovation and smart cities. The findings of the study suggest that the experiences of Quito discuss indicators allow for a paradigm newly formulated: a new culture of local politics.

KEYWORDS: Territory; Culture; Creative Environment; Local Politics; Quito.

1. Introducción

La discusión sobre kreatives milieu (entorno creativo) representa una línea de los trabajos de la geografía económica social enfocada, sobre todo, hacia los procesos económicos en los territorios y sus impactos. Normalmente, esos entornos fueron analizados haciendo uso de los estudios de caso, sobre todo en Europa (Fromhold-Eisebith, 1995, Jekel & Fromhold-Eisebith, 2003), si bien, existen trabajos que han analizado aspectos similares en Latinoamérica (Albuquerque, 2004). La perspectiva teórica de este enfoque ha sido ampliada recientemente por Suwala (2014), distinguiendo perspectivas económicas, tecnológicas, científicas y culturales de la creatividad y sus respectivas expresiones territoriales, ofreciendo resultados interesantes, entre otros, un resumen de las condiciones de localización para territorios creativos. Muchos de los indicadores relativos a estos aspectos han sido presentados en forma aislada (Hall, 2000; Perrin, 2013; Ravbar, Bole, &Nared, 2005), por lo que parece necesario unificarlos con una visión más holística que permita explicar el proceso de innovación social (Rodríguez Castellano, Hoyos Iruarrizaga, Izaguirre Olaizola, Molina, & Azucena, 2011). Todo ello sugiere la conveniencia de buscar un nuevo enfoque del desarrollo socio-político-cultural en América Latina con los parámetros asociados al concepto de entornos creativos, que provienen del ámbito de la cultura (Suwala, 2014), de forma que se amplíe el enfoque que considera la creatividad territorial solamente bajo resultados económicos (Acs & Megyesi, 2009), de forma que el concepto tradicional de territorios creativos evolucione hacia un concepto más genérico, con idea de construir un concepto multidisciplinario de entorno creativo, que serviría para desarrollar el discurso geográfico actual y ofrecer un enfoque integral entre varias ciencias.

Existen instrumentos, a nivel local, que permiten desarrollar acciones integradas de innovación social (Garofoli, 2009), fomentando la construcción de territorios creativos (García, 2015). Dichos instrumentos se apoyan en las actuaciones políticas generadas por la comunidad (García, 2015). Los trabajos sobre kreatives milieu no han podido incluir esa perspectiva (Fromhold-Eisebith, 1995; Butzin, 2000).

El objetivo de este trabajo, será por tanto, determinar los elementos de la política comunal que facilitan las manifestaciones de los territorios creativos, mostrados en indicadores específicos, de modo que guíen el análisis de la capacidad de los territorios para implementar programas creativos. Para ello, este trabajo analiza una serie de experiencias a nivel práctico, que permiten contrastar una serie de indicadores que enlazan los aspectos de territorio e innovación. En particular, se estudia el caso de Quito (Ecuador), con la idea de descubrir los conceptos y avances sobre la gestión de la complejidad del desarrollo urbano y la necesidad del desarrollo institucional comunal, enfocando políticas municipales de uso de suelo, innovación y ciudades inteligentes entre otros temas claves (Maier & Obermaier, 2002). Los Planes Metropolitano de Desarrollo y Ordenamiento Territorial integraron aquellas experiencias parciales, y aseguraron su sostenibilidad a nivel político (MDMQ, 2012a/b). Este escenario muestra las características de procesos geográficos de innovación (Gierhake, 2015).

Por una parte, se trata de precisar las perspectivas de incluir la idea de una nueva cultura de política local (Bundeszentrale für politische bildung, 2012), como una categoría adicional en los conceptos existentes sobre ciudades creativas, tal como fueron definidas por la United Nations Educational Scientific and Cultural Organization (UNESCO, 2004) ampliado a territorios creativos, que facilite la adaptación del conocimiento local a zonas metropolitanas. Complementariamente, abre las puertas a una revisión del rol de los instrumentos marco (Planes Metropolitanos etc.) como herramientas principales de la gestión municipal, para probar la utilidad de los criterios teóricos para territorios creativos en un caso real, como es el Distrito Metropolitano de Quito (DMQ) y su programa de desarrollo 2009-2014. Finalmente, permite poner una base conceptual cualitativa para la discusión sobre nuevos entornos creativos, que permita precisar futuras investigaciones con enfoques cuantitativos. Con este procesamiento, se espera comprobar las perspectivas y limitaciones de la geografía aplicada (von Rohr, 1994) para analizar procesos territoriales en marcha en el Tercer Mundo.

Para llevar a cabo el trabajo, a continuación se revisan algunas ideas del marco teórico en el que se circunscribe. Después, se desarrolla la metodología de análisis. Posteriormente, es estudia el caso del DMQ. Finamente, se exponen los principales resultados a modo de conclusión.

2. Desarrollo

2.1 Indicadores en territorios creativos

El marco general parte de enfoque de territorio y creatividad. Este marco sugiere que los territorios deben aprender para ser creativos (Florida, 1995). Los territorios que aprenden se describen mejor por procesos específicos que se producen en el interior de sus economías, los mercados de trabajo y el progreso tecnológico. Todos estos factores posibilitan mejorar la política cultural, social y organizacional en la ciudad / región (Konstadakopulus y Christopoulus, 2004). Florida (2010) introduce la idea de clases creativas en las ciudades como fuente de generación de territorios que aprenden. De ese concepto se deriva el de ciudades creativas. Suwala (2014) hace una revisión extensa de los enfoques teóricos e identifica, sobre la base de una descripción de varias ciudades en varios siglos, una serie de características asociadas a las ciudades creativas que pueden extenderse a territorios creativos. Dentro de los indicadores generales de creatividad se incluyen las infraestructuras de universidades y centros de investigación, puesto que estos permiten introducir y transferir nuevas ideas en los territorios (Mitchell, 2007). Desde el ámbito cultural y, especialmente, a partir del concepto de ciudades creativas se introducen aspectos como la constitución de una amplia plataforma social institucional para la presentación de expresiones culturales y la disposición para la recepción de ofertas culturales (políticas-conceptuales) (Manito & Kreanta, 2009).

En particular, diferentes autores introducen como características específicas: La voluntad de aprender y hacer operativo los nuevos contenidos, asumir responsabilidades, la llegada de una nueva clase alta (con aglomeración de bienes económicos) (Alonso Domínguez, 2011), impactos magnéticos de ideas nuevas y percepciones sobre el desarrollo mundial, intercambio cultural que sobrepasa varios sub-sectores culturales, cierta tensión social entre viejos y nuevos valores, cambio de las redes sociales y mezcla entre varias redes existentes, demandas (altas) por la Sociedad civil y política que favorece valores / bienes públicos, espacios físicos que promuevan la interacción, y, finalmente, la accesibilidad local / internacional mejorada (Landry, 2012). Todos ellos componen los indicadores específicos considerados tradicionalmente, dentro de las ciudades creativas (Suwala, 2014; Clark, 2004; Markusen, 2007; Mossig, 2011; Sailery Papenheimer 2007; Thiersteine et al.2009).

El enfoque de la cultura política, como una guía de cooperación en construcción describe cómo se organiza e implementa el poder político. La cultura política cuenta con tres elementos clave: las opiniones, las actitudes y los valores. Las opiniones señalan las manifestaciones cotidianas de la cultura, por lo que son las que más fácilmente se cambian, al depender del estado presente. Las actitudes indican las preferencias políticas y son moderadamente estables. Finalmente, los valores señalan la principal fuente de cultura de un territorio pues incluyen los valores generales en la sociedad, por lo que suelen ser muy estables (Bundeszentrale für politische bildung, 2012).

La cultura política actúa sobre las tendencias generales de opinión pública que se muestran en una sociedad, concentrándose sobre los factores que puedan cambiar la consciencia colectiva, relacionados con la educación, la situación económica y política. Los principales variables se orientan hacia el apoyo para pertinencia e identidad con un sistema (sentirse orgulloso de pertenecer a un país, un territorio, una institución); la comunicación política (¿se pueden discutir asuntos políticos en espacio públicos?); y la participación política (sensibilidad para pluralismo, consenso, participación, acceso a información y su uso; (Bundeszentrale für politische Bildung, 2012). Por tanto, la comunicación, y la interacción que como consecuencia se da, entre los gobernantes y la sociedad va a promover la introducción de los valores culturales. Los instrumentos que faciliten esa comunicación van a ser esenciales en ese proceso. Esto nos permite introducir tres indicadores a la lista de indicadores clásicos de territorios creativos: Comunicación / interacción con la sociedad local, la existencia de instrumentos de comunicación (y retro-alimentación) y la cultura política local.

Por consiguiente, la hipótesis principal es, que se pueden transferir estas líneas generales de la cultura política hacia el nivel local, de tal forma que reforzando la identidad local a través de la interacción y de las actuaciones de comunicación y retroalimentación aparecen diferentes aspectos de innovación social facilitando la creatividad del territorio. Sobre esta base, podemos hacer una primera prueba de caso sobre un paradigma en el discurso europeo, Kommunal politische Kultur (cultura de la política local), cuya discusión, hasta ahora, se concentraba en ejemplos parciales de proyectos (Friedrich Ebert Stiftung, 2012). Más específicamente, se empieza a discutir, si la política local forma parte de las expresiones culturales de un territorio y/o en los conceptos existentes.

Considerando que intervienen actores políticos (el Municipio), parece conveniente tener en cuenta la cultura política, mirando su expresión a nivel local. Por otra parte, también es conveniente hacer uso del enfoque conocimiento local puesto que se encuentra en la base de la creatividad. Todo ello lleva a ampliar los indicadores sugeridos por Suwala (2014) con elementos específicos de la cultura local, tal como se expone en la Tabla 1. Dicha tabla está organizada de la siguiente manera: Primero, se presenta los indicadores de carácter general (No 1 – 3), luego los específicos (No 4 – 13) y, finalmente, aquellos propuestos para ampliar el sistema de indicadores (No 14 – 16).

Los estudios previos sugieren que se carece de indicadores que permiten discutir el modo de impulsar innovaciones y creatividad (Butzin 2000, Fromhold Eisebith 1995) dentro de los kreatives Milieu, puesto que los indicadores para determinar el potencial territorial de innovaciones se concentraron en aspectos empresariales y de redes económicas territoriales (Koschatzky 1997) con alguna aproximación hacia la inclusión de indicadores culturales / sociales referidos al nivel de Estado, con condiciones específicas (Kiese 2004, tomando Singapur como ejemplo). Sobre esta base se trabaja con los primeros dos grupos de indicadores, tal como fueron recopilados por Suwala (2014), resumiendo trabajos previos de Hall y Raumplaner (1998); Hall (2000), Lange et al. (2001), Storpery Venables (2004) y Tönquist (2011). Estos indicadores se contrastaran de modo empírico en el MDMQ.

Tabla No 1: Indicadores para territorios creativos

Indicadores generales
1. Infraestructura de Universidades / centro de Investigación (1)
2. Amplia plataforma social institucional para la presentación de expresiones culturales
3. Disposición para la recepción de ofertas culturales

Indicadores específicos importantes para la creatividad cultural de zonas metropolitanas
4. Voluntad de aprender y hacer operativo los nuevos contenidos
5. Asumir responsabilidades
6. Una nueva clase alta ha llegado al poder y acumula bienes
7. Impacto magnético por ideas nuevas / conceptos generales
8. Intercambio cultural que sobrepasa diferentes capas de la sociedad
9. Áreas de cierta tensión social entre valores viejos y nuevos
10. Cambios en las redes sociales y mezclas entre grupos sociales existentes
11. Demandas (altas) por la Sociedad civil y política que favorece valores / bienes públicos
12. Apoyar espacios físicos que facilitan la interacción
13. Accesibilidad nacional e internacional mejorada

Propuestas para ampliar el modelo indicadores para territorios creativos
14. Comunicación / interacción con la sociedad local
15. Instrumentos de comunicación (y retro-alimentación)
16. Cultura política local

Fuente: Suwala, 2014 (traducción indicadores 1-13), trabajo propio en Quito 2014 (indicadores 13-16)

2.2   Metodología

La metodología principal consistió en entrevistas semi-estructuradas, tanto dentro de la institución que lidera la política (en este caso MDMQ) como con varias instituciones de la sociedad civil (lista instituciones entrevistadas). Complementariamente, se llevó a cabo un análisis de plausibilidad y coherencia de documentos legales y de planificación municipal claves.

Trabajar con la metodología de la geografía aplicada (von Rohr, 1994) requiere algunas decisiones estratégicas. Si se quieren implementar nuevos conceptos de desarrollo territorial, siempre hay que considerar que se trata de procesos largos. Los proyectos de investigación pueden tomar instantáneas de momentos en este proceso, por lo que siempre cuentan con una base de datos limitados, en cierta manera. Sin embargo, estas investigaciones sobre el camino de proyectos complejos con datos limitados son importantes, puesto que permiten precisar necesidades en la implementación de proyectos en marcha y retro-alimentar el discurso científico con necesidades expresadas en la realidad.

El enfoque de geografía aplicada precisa una serie de pasos. En primer lugar, se debe conseguir información cualitativa, para estar en condiciones de precisar el próximo paso, que consiste en describir las posibilidades y limitaciones de complementar los resultados con datos cuantitativos. Paralelamente, vendría el análisis de esa información. De acuerdo a esos pasos, establecemos el proceso de análisis de los indicadores existentes en el Distrito Metropolitano Quito. Las expresiones quiteñas para un territorio creativo se presentan de forma resumida, para mantener un marco de una tabla que permita una visión global. Después, se presentan como perspectivas la clase de información cuantitativa que existe, como puede recogerse y en qué casos sería necesario definir nuevos indicadores.

Para evaluar la cultura de la política local se revisó documentación disponible de la administración MDMQ 2009-2014, complementada por las entrevistas mencionadas anteriormente, para analizar si hay bases para construir un criterio de localización adicional de ciudades creativas y especificar variables posibles.

2.3 Distrito metropolitano de Quito: indicadores de territorios creativos

El Distrito Metropolitano Quito (DMQ) representa un ejemplo ilustrativo en este contexto. Con una superficie de aproximadamente 4200 km2, con una topografía que llega de 500 m hasta 4800 m sobre el nivel del mar, el DMQ alberga 17 ecosistemas diferentes. Aproximadamente 2,5 millones de personas viven en el DMQ, concentrado sobre todo en la ciudad de Quito y las cabeceras de 33 parroquias rurales. Algunos de los Valles, como por ejemplo los de Tumbaco / Cumbaya o Los Chillos, sufren procesos de urbanización dinámicos y poco ordenados. Sobre la base de la Ley de Zona Metropolitana, promulgada en 1993, el Municipio de Quito consiguió más competencias, como por ejemplo en el sector de transportes. Con el Nuevo Aeropuerto Internacional Quito, inaugurada en febrero del año 2013, se lograron aumentar llegadas de pasajeros y de carga en un 30% por año. Los flujos de transporte entre los centros poblacionales del DMQ siguen creciendo (de forma dinámica). Un aumento de la presión sobre el uso del territorio es muy evidente. Sin embargo, un 60% de la superficie todavía está poblada de bosques (incluyendo paramos etc., MDMQ, 2012a/b). Quito todavía no afronta los problemas típicos de las grandes zonas metropolitanas de América Latina (los megacities, es decir áreas con una población que sobrepasa los 5 Millones. de habitantes, como por ejemplo: Sao Paulo, Buenos Aires, Santiago, Lima, Bogotá.

La discusión sobre nuevas estrategias descentralizadas, sus perspectivas y limitaciones en el territorio nacional fue acompañada por actividades en la academia. Sin pretender presentar un resumen detallado del discurso y su evolución, este trabajo se concentra sobre algunas expresiones centrales de esta discusión, que ayudan para entender la forma de la discusión territorial entre 2009 – 2014. El tema de gobiernos locales y la necesidad de encontrar nuevos caminos para su desarrollo fue trabajado con relación al DMQ.

El gobierno Barrera ha precisado en su gestión una serie de programas de desarrollo iniciados por la administración anterior, referidos sobre todo al desarrollo territorial. El MDMQ cuenta con una tradición en la planificación de desarrollo que ha sobrevivido la época neoliberal, presentando avances cualitativos, sobre todo, respecto al concepto general de planificación y ordenamiento territorial (MDMQ, 2012a/b; Gierhake, 2015).

Con el Plan de Desarrollo Metropolitano, complementado por el Plan de Ordenamiento Territorial, el MDMQ ha creado un instrumento de gestión que ha tenido como elementos principales de los ejes de movilidad y transporte seguros y eficientes, la garantía para una accesibilidad universal al espacio público y su uso, la reducción de los problemas ambientales provocados por el crecimiento urbano no ordenado, el desarrollo urbano regional bajo las perspectivas territoriales y ambientales, y el desarrollo poblacional policéntrico en el DMQ buscando un acceso más equitativo a los servicios sociales.

Sobre esta base, se formularon cinco objetivos superiores (1) concentrar el desarrollo sobre los aspectos humanos y emplear una perspectiva territorial, (2) desarrollar el DMQ según funciones sociales y territoriales, enfocar sobre todo bienes públicos, (3) fomentar un proceso de desarrollo integral, en el sentido cultural, ecológico, social, económico y contribuir al establecimiento de una identidad local, (4) promover un proceso de modernización general, que incluye instrumentos de tecnología y de comunicación, (5) implementar una gestión territorial democrático, que incluye la movilización de los actores sociales y las posibilidades de ejercer los derechos de la ciudadanía (MDMQ, 2012a).

Con la publicación del Plan Buen Vivir y su estrategia territorial para todo el país se manifestó el interés político en este tema al mayor nivel (Secretaria Nacional de Planificación y Desarrollo, 2009).

Ante los problemas estructurales que muestran expresiones territoriales, tales como la asimetría en el desarrollo del país; la fragmentación, heterogeneidad y desarticulación, las asimetrías tributarias, el gobierno realizo una serie de propuestas para una nueva política, entre otras, un nuevo ordenamiento territorial; un sistema de competencias definidas; un sistema de planificación y gestión intergubernamental articulado; una recaudación y asignación predictible y corresponsable.

Con vista al desarrollo territorial bajo la administración Barrera en el MDMQ, se pueden resumir las siguientes características: (a) La discusión política sobre descentralización y gobiernos locales estuvo acompañado por un discurso académico, enfocando y analizando los aspectos administrativos, legales, políticos y sociales. (b) Si bien es cierto, que la academia menciona el tema territorio a nivel de publicaciones, todo queda a un nivel de descripción simple. La base institucional específica (Facultades de Geografía / Ordenamiento Territorial etc.) ha quedado limitada. El DMQ como territorio innovador ha quedado a nivel de un postulado clásico de los territorios creativos, puesto que no se identificaron los recursos y activos territoriales específicos (Córdova, 2010). De hecho, no existe una formación universitaria específica en la zona, ya que la única Facultad de Geografía en todo el país que ofrece la capacitación en Ciencia Geográfica y Planificación territorial, es la de la Universidad Católica del Ecuador, pero esta no tuvo ningún proyecto de investigación orientado hacia el ordenamiento territorial y sus factores socio económicos entre 2006 y 2013 (Universidad Católica del Ecuador, 2014). Las publicaciones de otras ciencias no hacen referencia a los trabajos clásicos sobre análisis territorial o la relación entre innovación y territorio. (c) No hubo cooperación internacional directamente relacionada con la elaboración de los instrumentos principales de gestión territorial en el DMQ 2009 - 2014 (Gierhake, 2015). Merece mencionarse la presencia de algunas cooperaciones internacionales en los años 1990 / 2000 (Barrera, 2007). (d) Sin duda, llama la atención la alta calidad conceptual del Plan de Desarrollo Metropolitano y del Plan de Ordenamiento Territorial. En el contexto de lo mencionado anteriormente, no sorprenden los problemas de transmitir los mensajes principales de estos documentos a actores institucionales claves, como la por ejemplo, academia (Gierhake, 2015).

La estructura general de la administración llevó a cabo una transformación con idea de adaptarse a un modelo más innovador del territorio. La organización del funcionamiento del Municipio se adaptó a las nuevas funciones diseñadas por el equipo de gobierno. Para ello, las reuniones de coordinación, fueron preparadas más intensamente introduciendo, a la vez, un sistema de monitoreo para informar a todos sobre el progreso de la transformación; se introdujo un sistema de flexibilidad interna considerable, calidad profesional y niveles de confianza significativos entre el nivel gerencial de la Alcaldía, los Secretarios / Directores y sus asesores; se construyó una identidad compartida en el MDMQ (los niveles alto / medios) logrando aprovechar la memoria institucional existente de la institución. Esta estructura básica ayudó a la implementación de nuevos proyectos, sobre todo de carácter multisectorial (Ordenamiento Territorial, Estrategia Adaptación al Cambio Climático, Agenda Digital, Planificación integral de los Transporte etc. (Ver Gierhake, 2015).

Bajo el tema Innovación y Ciudades Inteligentes (Barrera, 2013b) el Alcalde de Quito presentó un programa que puede llevar el concepto teórico de la cultura política a un nivel práctico, integrando aspectos tales como la comunicación, la participación, y la creación de identidad y pertenencia a la institución. Considerando los lineamientos principales de este nuevo paradigma —el análisis de la consciencia de la población sobre la instituciones que lidera el proceso (el municipio), los temas de capacitación / educación y finalmente en lo económico y político– el MDMQ presentó un programa que tiene potencial de lograr cambios en cada uno de las perspectivas mencionadas. Como proyectos concretos para mejorar la comunicación sobre la política local merece mencionarse: los campus party, el internet libre, los premios a la innovación, las ferias universitarias, el sistema metropolitano de información. De la misma manera, las medidas que forman parte del paquete sobre calidad de vida inteligente tuvieron impacto sobre la comunicación, como por ejemplo, la gestión integral de riesgos, sistemas integrados de seguridad, las actividades desarrolladas en los Centro de Desarrollo Comunal. Por otro lado, se llevaron a cabo actividades como la Agenda Digital, los centros tecnológicos de control, el nuevo sistema de administración y contabilidad, el catastro, los módulos de indicadores económicos y productivos para inversionistas con potencial decisivo para aumentar la participación en la política. Sobre la base de una comunicación mejorada, una participación de la ciudadanía aumentada, se puede esperar de fortalecer un sentido de pertenencia e identidad con la institución. Las entrevistas realizadas sobre la estructura institucional y su funcionamiento comprobaron este proceso (Gierhake, 2015).

La administración municipal entre 2009 – 2014 ha permitido generar una serie de aspectos en el DMQ, que muestran características de territorio creativo y, a la vez, sugieren indicadores suplementarios de la creatividad propia, permitiendo ampliar el concepto de territorios creativos.

Los modelos geográficos utilizados en Europa de integración entre territorio e innovación tienen en cuenta una serie de elementos que se manifestaron en la realidad quiteña. Partimos de ese enfoque para revisar dicha realidad. No obstante, existen elementos básicos no considerados en la literatura previa, asociados a la idea de capital social. Es evidente la integración entre ambos aspectos (Yde, 2012), sin embargo, algunos aspectos que fomentan el capital social no han sido suficientemente considerados. Eso ocurre con la comunicación (Ellison, Steinfield, & Lampe, 2011), aspecto que parece esencial en la estrategia de desarrollo del DMQ. Otro aspecto esencial hace referencia a la propia cultura política local, puesto que influye sobre todo en el desarrollo y el mantenimiento del capital social del territorio (Ravbar, Bole, & Nared, 2005). En consecuencia, parece lógico introducir indicadores relativos a estos aspectos.

De acuerdo a esos pasos por la visión de la geografía aplicada establecemos el proceso de análisis de los indicadores existentes en DMQ. Las expresiones quiteñas para una ciudad creativa se presentan de forma resumida, para mantener un marco de una tabla que permite una visión global. Después, se presentan como perspectivas la clase de información cuantitativa que existe, como puede recogerse y en qué casos sería necesario definir nuevos indicadores. Esos aspectos se presentan en la tabla 2.

Tabla No 2: Resumen de la expresión de los indicadores en el DMQ y perspectivas para datos cuantitativos

---

Indicadores generales

1. Infraestructura de Universidades / centro de Investigación

Expresión: Las Universidades no participaron en las políticas del gobierno. No existen conocimientos sobre desarrollo territorial de forma institucionalizada en la academia del DMQ. Por otra parte existen estos conocimientos de forma personalizada y la capacidad de elaborarlos y publicarlos. El Instituto de la Ciudad se podría entender como una respuesta a la debilidad institucional en ciencias aplicadas (Gierhake, 2015). Sin embargo, existen otras carreras, que dotan de capital humano a una parte de la población, facilitando la creatividad.

Perspectivas: Datos de matriculados en cada una de las carreras universitarias y programas de posgrado, y planificación futura de la universidades.

2. Amplia plataforma social institucional para la presentación de expresiones culturales

Expresión: Quito tiene base para presentar diferentes expresiones culturales (teatro, música, universidades). Existen ONG / movimientos sociales modernos que nacieron en Quito, se extendieron en el país. Existe una consciencia para lo común / lo quiteño. El Gobierno aumentó los Centros Desarrollo Cultural haciéndolos operativos. Se aumentaron los ingresos de todos los Museos. Se realizaron muchas actividades culturales en el espacio público (Gierhake, 2014), y se incrementaron los contactos de ciudades hermaneadas y la participación en muchas redes comunales internacionales (MDMQ, 2014b).

Perspectivas: Datos sobre el avance de las actividades existen: p.ej. Arte Verano Quito, Informes Gestión Alcaldía, informes transición MDMQ (MDMQ, 2014 b-c-d, Barrera, 2014).Para la relación cultura clásica con cultura política creativa faltan modelos que permiten resultados cuantitativos. El Concepto cultura política local se explica más en adelante (más abajo No. 15).

3. Disposición para la recepción de ofertas culturales (políticas-conceptuales)

Expresión: Se puede analizar en diferentes niveles. <u>Nivel sociedad</u>: respondieron a las ofertas culturales (Museos, Centros Desarrollo

---

Comunal, Arte Verano Quito etc.), Conciertos con artistas nacionales e internacionales / mundiales (MDMQ 2014 c-d). Nivel grupos de interés económicos (automovilistas, construcción): no hubo disposición (Gierhake, 2014). Nivel Municipio: buena respuesta a los retos de modernizar la administración municipal. Construcción de cohesión territorial e institucional, nuevo imagen del MDMQ (Gierhake, 2014; Barrera, 2014).

Perspectivas: Nivel sociedad: las cifras asistencia actos culturales... etc. muestran buen interés en recibir cultura e ideas nuevas (MDMQ 2014 c-d). Nivel grupos de interés: Es difícil conseguir datos cuantitativos. Nivel municipio: Hay datos cualitativos por las entrevistas de la investigación. Se puede interpretar tendencias cuantitativas (Gierhake, 2014, MDMQ, 2014b).

Indicadores específicos para la creatividad cultural de zonas metropolitanas

4. Voluntad de aprender y hacer operativo los nuevos contenidos
Expresión: También manifestada en diferentes niveles. Nivel sociedad: Poca en las Universidades, pues hubo desconocimiento de planes municipales en la academia. Ciertos avances en ONG ambientalistas. Grupos económicos: poco – Los automovilistas se opusieron a la nueva política de transporte, los representantes de las constructoras a proyectos de reglamentar más el uso del espacio. Municipio: un Plan Metropolitano y Plan Ordenamiento Territorial de alta calidad, presupuesto para programas nuevos (p.ej. Espacio Público), aprovechar conocimiento local en el DMQ.
Perspectivas: Sociedad (academia): el número de publicaciones académicas sobre el plan de desarrollo de Quito y sus impactos. El número de convenios universitarios internacionales y problemas de concretizar contactos universitarios propuestos en este campo, y la participación en proyectos de publicaciones sobre temas territorio e innovación (Gierhake, 2014). Grupos económicos: Es difícil conseguir datos. Municipio: Planes e Informes de Gestión. Publicaciones propias (Revista Q etc.), Informes de transición del MDMQ (MDMQ, 2014b-c-d; Barrera, 2013a-b; Barrera, 2014).

5. Asumir responsabilidades
Expresión: Nivel sociedad: cooperación con organizaciones de base en Quito Sur / algunas ONG. Cooperación con las Universidades, Medios de comunicación: Se refleja un rol crítico de los medios de comunicación en

relación con el trabajo de la Alcaldía (Gierhake, 2014). <u>Nivel Municipio</u>: Alta disposición de asumir responsabilidades. Modernización de la administración, transparencia en la ejecución, elaborar / aprobar planes de desarrollo de alta calidad, informes de gestión (Gierhake 2015, MDMQ 2014 c-d; Barrera 2014).

Perspectivas: <u>Sociedad</u>: Se podría conseguir aquellos datos con entrevistas institucionales. <u>Medios de comunicación</u>: Los datos (artículos) existen, falta realizar una investigación representativa, análisis de cadenas de radio / televisión. <u>Municipio</u>: Instituto Ciudad (Quito): hay información estadística, no se han construido indicadores que permiten analizar los impactos, p.ej. cómo diferentes grupos asumieron la responsabilidad (Gierhake, 2014).

6. Una nueva clase alta ha llegado al poder y acumula bienes

Expresión: En términos políticos llegó una nueva clase: Alianza País ganó la elección para la Alcaldía de Quito. Una primera sugerencia sería que el indicador acumulación de bienes económicos (Suwala, 2014), en Quito debería cambiarse por otro de acumulación de influencia política.

Perspectivas: Analizar cifras electorales a profundidad y apoyo por zonas sociales.

7. Impacto magnético por ideas nuevas / conceptos generals

Expresión: El Buen vivir se puede calificar como idea nueva con potencial magnético, a nivel nacional de desarrollo político / social, con perspectivas económicas también. Nuevas ideas en el nivel comunal: Quito ciudad región, Agenda Digital, Plan Adaptación Cambio Climático, Concepto holístico Espacio Público, fomento económico municipal a través de CONQUITO y políticas económicas municipales, Metro etc. (MDMQ, 2014a, b; Gierhake, 2015) Plan Metropolitano y Ordenamiento Territorial combinan estas visiones.

Perspectivas: Evaluación de profundidad del Informe de Gestión Alcalde (Barrera, 2014), base de datos de planes / estrategias elaboradas por el Municipio.

8. Intercambio cultural que sobrepasa diferentes capas de la sociedad

Expresión: Por la estructura de la sociedad quiteña y la oferta de actividades culturales: este proceso está en marcha. La construcción de nuevos Centros de Desarrollo Comunal fortaleció este proceso (Gierhake, 2015) Mejorar los espacios públicos en el DMQ tiene impacto indirecto el mejoramiento del intercambio cultural. Relaciones internacionales del

Municipio complementan la capacidad de aumentar el intercambio cultural (MDMQ, 2014b).

Perspectivas: Datos descriptivos sobre la asistencia a eventos están accesibles. Esto permite un monitoreo de avance (MDMQ, 2014c-d).

9. Áreas de cierta tensión social entre valores viejos y nuevos

Expresión: En Quito existen valores de diferentes grupos (viejo poder neoliberal – nuevo poder Buen Vivir), esto se refleja p.ej. en las áreas siguientes a) transporte b) desarrollo inmobiliario c) economía (solidaria – moderna) d) medios de comunicación d) universidades etc. (Gierhake, 2014).

Perspectivas: Se lo puede comprobar esta tensión de forma cualitativa, y elaborar relación de artículos de periódicos sobre protestas / desacuerdos

10. Cambios en las redes sociales y mezclas entre grupos sociales existentes

Expresión: Sin duda, hay varios niveles de redes sociales, y en todos hay mezclas internas. Cultura quiteña, cultura de inmigrantes (nacionales / internacional) (MDMQ, 2014c-d). Agenda Digital: forma de responder a las necesidades a nuevas redes. Instalar CONQUITO en el Sur de la ciudad, de tal manera esta oficina de fomento económico municipal será más accesible para PyME locales (MDMQ, 2012b, 2014b).

Perspectivas: Hay bastante material cuantitativa-cualitativa en CONQUITO. Esto enfoca solamente el análisis de la perspectiva económica (no: la cultura política comunal). El material complementario de la Agenda Digital resume muchos datos descriptivos (MDMQ 2012c). Esto permite un monitoreo de avance.

11. Demandas (altas) por la Sociedad civil y política que favorece valores / bienes públicos

Expresión: Hubo mucha demanda por un cambio de política. La política respondió a esta demanda: p.ej. la ley de autonomía de gobiernos locales; a nivel DMQ: economía solidaria, fomento económico comunal por CONQUITO, Espacios Públicos (MDMQ, 2014b).El Alcalde expresó una política con orientación específica hacia lo público (Barrera, 2014).

Perspectivas: Documentos nacionales: Plan Buen Vivir etc. Reorganización de la administración municipal (Gierhake 2015). Publicaciones / ponencias Alcalde (Barrera 2013a). Analizar cobertura de la política comunal en la prensa, el radio y la televisión.

12. Apoyar espacios físicos que facilitan la interacción

Expresión: Política comunal de promover espacios públicos, hacerlo de una manera integral (Gierhake, 2015; MDMQ, 2014c-d; Barrera, 2014). Plan Metropolitano y Ordenamiento Territorial ponen la base.

Perspectivas: Publicaciones sobre espacio público. Hay una serie de datos que permiten un análisis inicial (MDMQ, 2014b), aunque faltan datos sobre aceptación de las medidas por diferentes capas sociales.

13. Accesibilidad nacional e internacional mejorada

Expresión: Accesibilidad física: inauguración nuevo aeropuerto, construcción y ampliación carreteras de interconexión regional, proyectos de mejorar movilidad interna Plan Metropolitano y Ordenamiento Territorial ponen la base interrelacionar todo. Accesibilidad internacional: redes comunales / ciudades hermaneadas / proyecto capitales suramericanas (MDMQ, 2014b). Accesibilidad al Municipio: de forma general - Agenda Digital (MDMQ, 2012c). Accesibilidad para usuarios locales: Tramites en oficinas quedaron críticos en la percepción de la ciudadanía (Gierhake, 2014).

Perspectivas: Accesibilidad física: Hay datos p.ej. 30% aumento pasajeros y carga en aeropuerto nuevo // transporte terrestre – nuevos terminales reducen tráfico en la ciudad // uso de bici etc., Plan Integral de Transporte (Gierhake, 2015). Hay percepciones sobre problemas de transporte y proyecciones futuras: el Metro (Véanse publicaciones del periódico EL COMERCIO de Quito de los días 13 de julio y 17 de diciembre de 2014). Accesibilidad institucional: hay datos estáticos – convenios, roles asumidos. Sería interesante: impacto por contactos institucionales internacionales (MDMQ 2014b). Accesibilidad Agenda Digital: falta análisis de impacto. Accesibilidad para usuarios locales: se podría conseguir el material necesario, a través de entrevistas específicos a usuarios.

Propuestas para ampliar el modelo indicadores para territorios creativos

14. Comunicación / interacción con la sociedad local

Expresión: Departamento Relaciones Públicas del Municipio: informe de actividades, muchos cambios de personal en Departamento Relaciones Publicas de la Alcaldía (Gierhake, 2014).

Perspectivas: Evaluar entrevistas (prensa, tele) por cifras y temas; presencia en actividades públicas, Agrupar temas: p.ej. actividades de socializar Plan Ordenamiento Territorial con Universidades etc.

15. Instrumentos de comunicación (y retroalimentación)

Expresión: Varias publicaciones del Municipio: Revista Q, el Quiteño, programa cultural mensual (MDMQ, 2014c-d). Programas para los Centros de Desarrollo Comunal.

Perspectivas: Se consigue todas las fuentes.

16. Cultura política local

Expresión: Gobernanza inteligente (entre otros: Agenda Digital) **b)** Ciudadanía inteligente: campus party, internet libre, premio de innovación Quito, Sistema Metropolitano de información etc. **c)** Medioambiente inteligente: soterramiento de cables ... iluminación Centro Histórico con LED **d)** Movilidad inteligente: Sistema integrado de transporte (p.ej. sistema único de recaudo), BiciQ ... **e)** Calidad de vida inteligente: gestión integral de riesgos, sistemas integrados de seguridad (policial etc.), Centros de Desarrollo Comunal (capacitación, programas de cultura etc.) **f)** Economía inteligente: CONQUITO (Barrera, 2013b, MDMQ, 2014a).

Perspectivas: Se puede formar indicadores para responder a detalle a factores que conforman cambio de consciencia: aumentar comunicación política: b -a – e, con el fin de lograr más participación ciudadanía: a-b-d-e, y esto ayuda a su vez para lograr afiliación (apoyo) a la política (ser orgulloso de forma parte) a-e- b. Temas c-d: impactos indirectos, contribuyen percibir pertinencia de cultura política para su mismo // sentirse incluido.

Fuente: Elaboración Propia

Para todas las características de territorios creativos identificados anteriormente (Suwala, 2014), se encuentran respuestas en el contexto del DMQ. Se puede demostrar que las características nuevas, propuestas para complementar el listado inicial, también encuentran respuestas coherentes. De tal forma, se dispone de un juego de indicadores territoriales que pueden explicar el proceso de innovación social implementado por el MDMQ.

Existe un potencial multiplicador de este proceso, como se pudo comprobar en todas las presentaciones internacionales de esta investigación (ver listado de instituciones entrevistadas). La tabla 2muestra algunos ejemplos ilustrativos que sugieren una serie de resultados previos: (1) Sobre la base del primer análisis, es necesario precisar un indicador: Infraestructura de universidades / centros de investigación. Este indicador es pertinente en el contexto de ciudades y su potencial creativo. Sin embargo, el caso DMQ muestra que existen territorios con capacidad creativa, sin contar con esta infraestructura, puesto que en este caso concreto, DMQ no cuenta con instituciones a nivel académico que trabajen sobre análisis territorial y/o investigaciones multidisciplinarias (Gierhake, 2015). Ladiscusión sobre los conocimientos locales en zonas metropolitanas representan una base para ampliar (mejorar) este indicador sobre la infraestructura institucional para creatividad territorial. (2) Los Indicadores voluntad de aprender (No. 4), asumir responsabilidades (No. 5) y diferentes expresiones culturales (No. 2) subrayan bien la relación capacidad de crear nuevas políticas y esfuerzos de fortalecer cultural / aprendizaje / responsabilidades en el DMQ. Paralelamente, estos indicadores permiten profundizar la discusión sobre la existencia de una cierta fragmentación que apareció en la sociedad quiteña como fruto del establecimiento del nuevo Plan de Desarrollo para la Zona Metropolitana, produciendo cierto rechazo de este proceso. Este permite concluir que si bien estos indicadores son válidos, en el proceso de implementar propuestas nuevas, se necesita prestar más atención a otros factores complementarios. A nivel de la investigación, estos aspectos sugieren la necesidad de formular dos indicadores adicionales (No. 14 y 15 en las Tablas 1 y 2). (3) Los indicadores Impacto magnético (No. 7), Intercambio cultural (No. 8), Demandas por valores públicos (No. 11) y Apoyar espacio físico (No. 12) afirman la hipótesis que Quito alberga un potencial importante como territorio creativo. Además, indican a los puntos fuertes del proceso de innovación social entre 2009 y 2014. (4) El indicador cambio en las redes sociales (No. 10) también puede explicar estos avances. Los indicadores Comunicación sociedad civil (No. 14) e Instrumentos (No. 15) representan una respuesta estructural a las preguntas abiertas del indicador No. 10. Además, tienen potencial de ser desarrollados como instrumentos de monitoreo de impacto en un futuro proceso de innovación social. (5) El indicador Cultura política local (No. 17) en esta parte se refleja, como avances en la implementación de una innovación social – el Plan Metropolitano Quito 2012 y sus instrumentos – podrían contribuir para apoyar con la discusión al nivel científico / conceptual. Los cinco programas específicos, presentados como ciudad inteligente, representan, por sí mismos, novedades en la cultura política local. Por otra parte, producen insumos de la realidad cotidiana para los factores que teóricamente tienen influencia sobre un cambio de consciencia, y esto a su vez sobre la cultura política existente en un territorio. (6) Se puede resumir, que se cuenta con la base cualitativa para concepto multidisciplinario de analizar la capacidad de un territorio para generar programas innovadoras en la política comunal. (7) En cuanto a las perspectivas de llegar a datos cuantitativos para medir la capacidad creativa se puede resumir lo siguiente: Estos datos existen para el grupo indicadores generales, sin embargo no están elaborados de esta manera en las estadísticas oficiales. Para el grupo de indicadores No. 4 - 10, parece aconsejable discutir conceptos de las ciencias sociales asociados a esos indicadores. En el caso del indicador cuatro (voluntad de aprender...), cinco (asumir responsabilidades) y siete (impacto magnético de nuevas ideas) el concepto de la Responsabilidad Social Corporativa orientada hacia políticas públicas representa una base para diseñar variables e indicadores adecuados (BertelsmannStiftung, 2007). Los indicadores nueve (áreas de tensión social) y diez (redes sociales y cambios) requieren considerar algún concepto de la sociología, puesto que los análisis territoriales sobre ciudades creativas no han integrado esta percepción todavía. El indicador seis (una nueva clase ha llegado al poder) requiere un concepto de las ciencias políticas, y sobre esta base la elaboración de indicadores y una averiguación dónde se podría cuantificar esto. En cuanto al indicador once (una política que favorece lo público) y doce (espacios que facilitan la interacción) los discursos de la Alcaldía, la política de espacio público ofrece una extensa base de datos cuantitativos).

3. Conclusión

Con vista a los objetivos del artículo, se puede resumir que las actividades realizadas en el MDMQ 2009 – 2014 permiten orientar la discusión sobre la cultura de política local, documentada a nivel de conceptos iniciales para nuevas formas de cooperación al desarrollo.

Basándose sobre los resultados de las entrevistas institucionales, se puede concluir que se avanzó en la implementación de una nueva cultura de política local, puesto que se identificaron campos de acción priorizados para proyectos que enfocan los aspectos comunicación y participación, como por ejemplo el fortalecimiento de la cultura en general, el rol de los Centros de Desarrollo Comunal; las actividades de la agencia de promoción económica de la municipalidad de Quito (CONQUITO) relacionadas con en el fortalecimiento económico en el Sur de Quito, la Agenda Digital etc. Con el Plan Metropolitano se elaboraron un instrumento para asegurar aquellas novedades de la cultura política a nivel de la planificación de desarrollo. Finalmente, se logró crear una identidad institucional compartida y se modernizaron la estructura administrativa y la organización del funcionamiento, dos complejos importantes para lograr imagen externo sobre la política local conducido por el Municipio.

En términos generales, el complejo sistema de relaciones entre la cultura política e indicadores sobre experiencias concretas en el DMQ representa otro aspecto para potenciar la discusión sobre la complementariedad entre discursos de Europa y América Latina. De la misma manera, los resultados permiten desarrollar una discusión multidisciplinaria sobre conceptos de territorios creativos, sugiriendo aspectos que amplían el análisis. Por ejemplo, es necesario territorializar la discusión sobre cultura de política local, elaborar la discusión desde el ámbito político sobre las experiencias de un territorio concreto y, como paso futuro, después de haber incluido otros territorios en una investigación, abstraer los factores territoriales en el desarrollo de una cultura de política comunal.

Del mismo modo, se debe territorializar la discusión sobre conocimiento local, identificar expresiones territoriales del capital humano, estructural y relacional en el DMQ, compararlas con otras zonas de estudio, y abstraer factores de localización generales.

Finalmente, estos resultados permiten analizar procesos parecidos en otras zonas, con el objetivo de afinar el modelo y su valor explicativo.

En líneas generales, se puede concluir que con las experiencias del DMQ se dispone de una propuesta de indicadores de localización para territorios creativos en términos de políticas locales. Esto puede comprender muchas expresiones: desde expresiones culturales tradicionales (teatro, cine, música), hasta expresiones nuevas, todavía no discutidas en relación con territorios creativos (por ejemplo, política comunal para enfoques de desarrollo territorial o para la adaptación al cambio climático). Aparentemente, hay un avance en actividades concretas relacionadas con el complejo territorio – creatividad en América Latina, que tiene un alto potencial para complementar un corriente de estudios teóricos sobre territorio y sus impactos en Europa. Profundizar este diálogo sobre complementariedad podría producir contribuciones interesantes para discutir retos futuros.

Se necesitarían investigaciones más profundas de ciencias sociales para opinar si en la sociedad latinoamericana existan espacios culturales abiertos para desarrollar una nueva cultura política local o las causas de los cambios políticos a pesar de políticas comunales con innovación social. Existen buenos puntos de partida, los cuales aparecen como perspectivas en la tabla 2.

Los resultados presentados anteriormente permiten concluir que hay una base cualitativa para discutir los factores que definen territorios creativos. Esta conclusión representa un avance en términos conceptuales en varios sentidos. Por una parte, se amplía el entendimiento tradicional del Entorno creativo hacia factores no económicos, sin perder de vista su importancia para analizar los procesos económicos existentes en aquellos entornos creativos. En el DMQ se iniciaron enfoques nuevos en políticas económicas locales y se elaboraron los instrumentos para anticiparse a gestionar este proceso. Paralelamente, se extiende la comprensión de ciudades creativas hacia perspectivas más generales, perspectivas que incluyen el marco administrativo-político que permite expresiones culturales. En otras palabras, existe la base para discutir los indicadores presentados como instrumento de gestión para un proceso político, una perspectiva nueva en comparación con los resultados obtenidos anteriormente. Los dos planes (Metropolitano y Ordenamiento Territorial) ponen un marco general y facilitan la discusión sobre indicadores territoriales, superando la visión tradicional sobre características de ciudades creativas, dejando de lado la perspectiva de planificación del desarrollo, en el fondo de esos dos planes y promoviendo una nueva visión de política local en el DMQ. La visión de desarrollo territorial podría disponer de una información adicional a través de criterios de localización, que seguramente potenciaría el análisis de los impactos de los Planes mencionados.

4. Referencias

ACS, Z. J., & MEGYESI, M. I. (2009). Creativity and industrial cities: A case study of Baltimore. Entrepreneurship & Regional Development, 21(4), 421–439.

ALBUQUERQUE, F. (2004) Local Economic Development and Decentralization in Latin America, CEPAL Review 82, Abril 2004, p. 155 – 169.

ALONSO DOMÍNGUEZ, Á. (2011). Productividad, competitividad y salarios en ciudades grandes: la clase creativa. Encrucijadas, 2011(2), 22–33.

BARRERA, A. (2007) Agotamiento de la descentralización y oportunidades de cambio en el Ecuador, en Carrión, F. La descentralización en el Ecuador: opciones comparadas, Quito, p. 175 – 206, recuperado el 12 de abril de 2016,
https://works.bepress.com/fernando_carrion/103/download/#page=172

BARRERA, A. (2013a) Quito – Modelo territorial para la ciudad del buen vivir, en: MDMQ / Ministerio de Desarrollo y Vivienda / Asociación Municipios del Ecuador: Primer Foro Urbano Nacional, Quito, p. 14.

BARRERA, A. (2013b) Ciudad Digital e Innovación Social. Ponencia Innovación y Ciudades Inteligentes, Feria de Universidades, Quito noviembre 2013

BARRERA, A. (2014) Testimonio de un Compromiso Cumplido. Informe Gestión 2009 – 2014, Quito

BERTELSMANN STIFTUNG (2007): The CSR Navigator, Public Policies in Africa, the Americas, Asia and Europe. https://www.bertelsmann-stiftung.de/de/publikationen/publikation/did/the-csr-navigator/ consulta 13 de junio de 2014

BUNDESZENTRALE FÜR POLITISCHE BILDUNG (2012) Bundeszentrale für politische Bildung: Politische Kultur – Politische Kultur Ecuador. http://www.bpb.de/nachschlagen/lexika/handwoerterbuch-politisches-system/40357/politische-kultur?p=all (acceso 21/08/2013)

BUTZIN, B. (2000): Netzwerk, Kreatives Milieu und Lernende Region: Perspektivenfür die regionale Entwicklungsplanung, in: Zeitschriftfür Wirtschaftsgeographie, 44 (3+4), p. 149 – 166

CLARK, T.N. (2004): Urban amenities: lakes, opera, and juice bars: do they drive development? In Clark, Terry Nichols (Ed.) The city as an entertainment machine research and urban policy, 9, 103-140, Amsterdam

CORDOVA, M. (2010) Quito: Gobernanza Metropolitana E Innovación Territorial En El Nuevo Milenio, en: Coloquio Internacional de Geocrítica, Actas, Buenos Aires

EL COMERCIO (2014,13 de julio) El costo del Metro de Quito, abajo del promedio, http://www.elcomercio.com/actualidad/presupuesto-metro-quito-construccion.html, Recuperado el 14 de Julio de 2014

EL COMERCIO (2014,17 de diciembre) El Metro: de debate técnico a pulso político, http://www.elcomercio.com/actualidad/quito-metro-debate-tecnico-politico.html, Recuperado el 14 de enero de 2015

ELLISON, N. B., STEINFIELD, C., & LAMPE, C. (2011). Connection strategies: Social capital implications of Facebook-enabled communication practices. New Media & Society, 13(6), 873–892.

FLORIDA, R. (1995). Toward the learning region. Futures, 27(5), 527–536.
FLORIDA, R. (2010). La clase creativa. Madrid: Paidós.

FRIEDRICH EBERT STIFTUNG (2012): Die kommunalpolitische Kooperation der Friedrich Ebert Stiftung in Lateinamerika, http://library.fes.de/fulltext/iez/00031002.htm Consulta 20 de mayo de 2014

FROMHOLD-EISEBITH, E. (1995) Das kreative Milieu als Motor regionalwirtschaftlicher Entwicklung, en: Geographische Zeitschrift, año 83, Cd. 1, p. 30 – 47

GARCÍA, M. P. (2015, October 16). Economía creativa, dinámicas locales y gobernaza en entornos metropolitanos: el caso de la región metropolitana de Salvador de Bahia. DRd - Desenvolvimento Regional em debate. Retrieved from http://www.periodicos.unc.br/index.php/drd/article/view/1007 25/11/2015

GAROFOLI, G. (2009). Las experiencias de desarrollo económico local en Europa: las enseñanzas para América Latina (No. Mayo). URB-AL III. San Jose, Costa Rica:

GIERHAKE, K. (2014). Informe de entrevistas sobre Innovacion y territorio en el distrito metropolitano de Quito. Trabajo propio. No publicado.

GIERHAKE, K. (2015) Integrierter Umbau der Raumstruktur im Metropolitan-distritk Quito (Ecuador) – ein Ansatz zur Diskussiongeographischer Innovationsforschung, Giessen 2015 https://nbn-resolving.org/urn:nbn:de:hebis:26-opus-114279

HALL, P. G., & RAUMPLANER, S. (1998). Cities in civilization (p. 291). New York: Pantheon Books.

HALL, P. (2000). Creative cities and economic development. Urban studies, 37(4), 639-649.

JEKEL, TH. & FROMHOLD-EISEBITH, M. (2003) Identität und regionalwirtschaftliche Innovativität, en: GeographischeZeitschrift, Año 91, Cd. 2, p. 115 – 129

KIESE, M. (2004): Regionale Innovationspotentiale und innovative Netzwerke in Südostasien. Innovations- und Kooperationsverhalten von Industrieunternehmen in Singapur, Münster / Hamburg

KONSTADAKOPULUS D., CHRISTOPOULUS D. (2004) Innovative milieux and networks, and technological change and learning in European regions: technology policy and innovation strategies. Internet: http://www.intech.unu.edu/publications/conference-workshop-reports/seville/konstant.pdf (May 2004)

KOSCHATZKY, K. (1997): Innovations determinanten im interregionalen Vergleich. Möglichkeiten zur Stärkung regionaler Innovations potentiales, in: Geographische Zeitschrift, 85 (2+3), p. 97 – 112

LANGE, D. / ROHN, K. / PIESBERGEN, M. / SCHMITZ, H.-R., SUWALA, L. (2001): Nachhaltige Vitalisierung des kreativen Quartiers um den Campus Berlin Charlottenburg, Berlin – Eigenverlag WISTA Management

LANDRY, C. (2012). The Creative City: A Toolkit for Urban Innovators. London: Earthscan. (2ºed)

MAIER, J., & OBERMAIER, F. (2002). Creative Milieus and Regional Networks: Local Strategies and Implementation in Case Studies in Bavaria. In L. Schätzl& J. Revilla Diez (Eds.), Technological Change and Regional Development in Europe (pp. 211– 232).

MARKUSEN, A. (2007): The Urban Core as a Cultural Sticky Place, in: Henckel, D. / Pahl-Weber, E. / Herkomer, B. (Ed.) Time Space Places, p. 173 – 187, Frankfurt am Main / Heidelberg: Physica-Verlag HD.

MANITO, F., & KREANTA, F. (2009). Ciudades creativas: Cultura, territorio, economía y ciudad. Fundación Kreanta.

MDMQ (2012a) Plan Metropolitano de Desarrollo 2012 – 2022, Municipio Distrito Metropolitano Quito, Quito

MDMQ (2012b): Plan Metropolitano de Ordenamiento Territorial 2012 – 2022, Quito

MDMQ (2012c): Agenda Digital Quito 2022, http://de.slideshare.net/juanpaespi/agenda-digital-quito-2022-ciudad-digital-socialmenteinnovadora

MDMQ (2014a): Parque Tecnológico Quito (Informe de Consultoría), Quito

MDMQ (2014b): Informe de Transición (varios sectores, relaciones internacionales, medio ambiente, cultura, desarrollo productivo y competitividad, CONQUITO etc.), Quito

MDMQ (2014c): Verano de Artes Quito, Programa Agosto, Quito MDMQ (2014d) Cultura – Agenda (publicado cada mes), Quito

MITCHELL, W. J. (2007). Ciudades inteligentes. UOC Papers: Revista Sobre La Sociedad Del Conocimiento, (5), 3–9.

MOSSIG, I. (2011): Regional employement growth in the Cultural and Creative Industries in Germany 2003 – 2008, in: European Planning Studies, 19 (6), p. 967 – 990

PERRIN, T. (2013). Les territoires créatifsà l'échelle transfrontalière: Interactions entre culture, économie et développement dans les eurorégions. Territoire En Mouvement, (19-20), 104–117.

RAVBAR, M., BOLE, D., & NARED, J. (2005). A creative milieu and the role of geography in studying the competitiveness of cities: the case of Ljubljana. Acta Geographica Slovenica, 45(2), 7–34.

RODRÍGUEZ CASTELLANO, A., HOYOS IRUARRIZAGA, J., IZAGUIRRE OLAIZOLA, J., MOLINA, V., & AZUCENA, M. (2011). Organizaciones en el marco de una cultura social innovadora: propuesta de factores explicativos. Investigaciones Europeas de Dirección Y Economía de La Empresa, 17(1), 17–35.

Secretaria Nacional de Planificación y Desarrollo (2009) Plan Nacional para el Buen Vivir 2009 – 2013. Construyendo un Estado Plurinacional e intercultural, Quito 2009

STORPER, M. / VENABLES (2004): Buzz. Face to face contact and the urban economy, in Journal of Economic Geography 4, p. 351 – 370

SUWALA, L. (2014) Kreativität, Kultur und Raum, Berlin 2012 (tesis doctorado Berlin 2012), publicado: Wiesbaden

THIERSTEINE, A. / FÖRSTER, A. / LÜTHI, S. (2009): Kreativwirtschaft und Metropolitan region en – Konturen einer systemischen Steuerung, in: Lange, B. / Kalendides, A. / Stöber, B. / Wellmann, I. (Ed.): Governance der Kreativwirtschaft. Diagnosen und Handlungsoptionen, p. 61 – 85, Bielefeld

TÖNQUIST (2011): The geography of creativity. Edward Elgar Publishing.

UNESCO (2004) What is the Creative Cities Network?
http://www.unesco.org/new/en/culture/themes/creativity/creative-industries/creative-cities-network. Acceso el 1/09/2015

UNIVERSIDAD CATÓLICA DEL ECUADOR (2014): Proyectos de investigación ejecutados,   Quito

http://www.puce.edu.ec/portal/content/Ciencias%20Geogr%C3%A1ficas%20y%20Planificaci%C3%B3n%20Territorial/255;jsessionid=EA825C668A82F66CB8D61CD88B1 FDE46.node0?link=oln30.redirect acceso el 23 de enero de 2015

VON ROHR, H. G. (1994), Angewandte Geographie, Brauschweig

YDE, N. C. (2012). De qué está hecha una ciudad creativa. Una propuesta para abordar la cultura, el ocio y la creatividad en la urbe contemporánea. Athenea Digital, 12(1), 169–190.

Resumenes Biográficos

Carlos M. Jardon

Profesor titular de Econometría en la Facultad de Ciencias Económicas y Empresariales de la Universidad de Vigo. Colaborador del doctorado de Administración de la Universidad de Misiones (Argentina). Fue profesor de la USC y la Universidad de Navarra en España. Doctor en Economía y Matemáticas por la Universidad de Navarra. Experto en Gestión del conocimiento por la UCM (España).

Klaus Gierhake

Doctor de geografía Universidad Marburg (Alemania), 30 años consultor / investigador sobre temas de territorio, instituciones y medio ambiente en América Latina. Beca post-doctorado del Estado del Ecuador (Prometeo) para investigar procesos geográficos de innovación en Quito. Investigador asociado "Centro de Desarrollo y Medio ambiente" Universidad de Giessen.

Klaus Gierhake[1], Carlos Maria Fernandez-Jardon[2]

(2019)

Redes municipales como instrumento para difundir innovaciones sociales: el metropolitano de Quito como territorio creativo / Municipal networks as an instrument to spread social innovations: the Quito metropolitan district case

This article has been originally published in:

Oikos Polis, Revista latinoamericana de Ciencias Económicas y Sociales **3**(2), 1-46

https://www.iies.uagrm.edu.bo/vol-3-no-2-2018-redes-municipales-como-instrumento-para-difundir-innovaciones-sociales-el-distrito-metropolitano-de-quito-como-territorio-creativo/

[1] Investigador asociado Zentrum für internationale Entwicklungs- und Umweltforschung Universität Giessen" (Alemania)

[2] Departamento de Economía Aplicada-ECOBAS Universidad de Vigo, Vigo (España) National Research University higher School of Economics, Perm (Rusia)

Resumen

Las innovaciones sociales aparecen como potenciales soluciones ante los problemas presentes en las grandes aglomeraciones integrando la participación de los actores implicados. El éxito de estas innovaciones necesita su difusión. Este trabajo analiza el concepto de redes municipales como instrumento de difusión de innovaciones sociales, basándose en la observación de experiencias reales combinadas con una serie de entrevistas semiestructuradas realizadas en el año 2014 a agentes sociales del Distrito Metropolitano de Quito (Ecuador) y a observadores expertos internacionales. Los resultados muestran que existe una alta interdependencia de características de redes metropolitanas y procesos territoriales de innovación social.

Palabras Claves: Innovación social, redes municipales, difusión, Latinoamérica, gobernanza regional, regiones inteligentes.

Abstract

Social innovations appear as potential solutions to pre-existing problems in large agglomerations, integrating the participation of the actors involved. The success of these innovations needs its diffusion. This paper analyzes the concept of municipal networks as an instrument for disseminating social innovations, based on the observation of real experiences combined with a series of semi-structured interviews carried out in 2014 with social agents from the Metropolitan District of Quito (Ecuador) and international expert observers. The results show that there is a high interdependence of characteristics of metropolitan networks and territorial processes of social innovation.

Keywords: Social innovation, municipal network, innovation diffusion, Latin-American, regional governance.

1. Introducción

América Latina es el continente más afectado por la urbanización (Bähr y Mertins, 1995; Coy y Töpfer, 2012; Heinrichs y Nuissl, 2007; Kohut, 1984). Las investigaciones se concentran, fundamentalmente, sobre sus impactos negativos, como la informalidad e inseguridad (Mertins, 2009; Wehrhan y Haubrich, 2010 para Lima; Gaebe, 2004 para Santiago y México), o la privatización del espacio público por inversiones masivas de capital privado (Borsdorf y Coy, 2009). Son más limitados los estudios geográficos sobre ciudades que no llegan a cinco millones de habitantes (Wehrhan, 2007), aunque existen programas que los estudian con un cierto detalle (EU, 2007). Ante los desafíos del futuro, como son el desarrollo de estrategias de adaptación al cambio climático y las formas de aprovechamiento sostenible del territorio urbano se ha ido incrementando la importancia de las zonas metropolitanas, adjudicándoles un rol protagónico y definiéndolas como agentes de cambio. Y es justificable, ya que los problemas de desarrollo poblacional, económico y ambiental se concentran generalmente en estos territorios superpoblados. Sus soluciones pueden aportar a los desafíos un marco de referencia. Es decir, las zonas metropolitanas podrían ser actores claves en la solución de los problemas relacionadas con la urbanización acelerada (Intendencia de Montevideo, 2015), dada su importancia potencial a la hora de promover cambios sociales, territoriales, ecológicos y económicos. Estos territorios podrían aparecer como una interface entre las tendencias de desarrollo a nivel global y los procesos a nivel local, en otras palabras, un territorio con perspectivas de crear innovaciones por su ubicación entre conocimientos locales e internacionales (GIZ, 2012; Wehrhan y Haubrich, 2010).

Los problemas presentes en las grandes aglomeraciones necesitan soluciones que integren la participación de los actores implicados (Carrasco, 2003), posiblemente buscando innovaciones sociales (Mendez Gutierrez del Valle, 2013). Existe un amplio acuerdo sobre la necesidad de afrontar los problemas que aparecen en las aglomeraciones urbanas con los conocimientos y la capacidad de crear innovaciones existentes en las estrategias políticas de planificación (Roost, 2010; UIL, 2018). En este contexto, la propuesta de no limitar la relación de conocimiento con innovación al área de tecnología de punta representa un paso importante para lograr más aceptación social (Fromhold-Eisebith, 2010). Por tanto, se deben incluir apreciaciones sociopolíticas en la elaboración de nuevos conceptos técnicos y, en particular, en la capacidad que tiene un territorio para analizar su estructura de una manera más integral, para activar su potencial institucional, tanto en términos tecnológicos y empresariales, como sociales, con idea de construir una cohesión social territorial.

Este paradigma tiene más importancia en el contexto de un proyecto que intente cambiar el estilo de planificar e implementar en un municipio, ser un espacio en el que fácilmente se integra los conocimientos científicos con las necesidades específicas del territorio del territorio, facilitando, de esa forma, la propuesta de innovaciones sociales.

Las redes de municipios podrían representar una forma de cooperación, que permitiese difundir e implementar propuestas de nuevas políticas y otras innovaciones sociales a un nivel geográfico amplio (Esparcia et al., 2003). El trabajo en redes aumentaría la probabilidad de aceptación de esas innovaciones socio-políticas. Además, la cooperación de zonas metropolitanas incluye una perspectiva nueva en la discusión sobre conceptos territoriales, reemplazando el concepto territorial tradicional, basado en un espacio continuo, por un concepto definido sobre programas compartidos, sin tomar en cuenta delimitación física en un territorio. En otras palabras, se enfocarían en funciones de un territorio y buscando cooperaciones para desarrollarlas e implementarlas (UIL, 2018).

En la disciplina de la geografía, el trabajo en redes comunales presenta todavía limitaciones en cuanto a la investigación. Si bien es cierto, que se estableció la cooperación entre zonas metropolitanas como una de las cuatro líneas principales de esta disciplina (Glückler, 2010), existen en la actualidad limitadas referencias sobre estudios de caso, y no se ha trabajado aun de forma sistemática sobre las zonas metropolitanas en países en vías de desarrollo. Se puede suponer que las redes de cooperación comunal tienen un impacto positivo sobre el aprovechamiento de conocimiento local existente (UIL, 2018).

Si bien las redes se han estudiado como difusoras del conocimiento y de la innovación (Méndez et al., 2006), es menos común ese estudio en las redes municipales y apenas existen trabajos que las analicen como difusoras de innovaciones sociales. Con "innovación social" se puede contar con un instrumento clave, que pone al gobierno en condiciones de responder a los retos mencionados previamente.

Las innovaciones tecnológicas adoptan valor en el mercado, por lo que las propias empresas las difunden en la búsqueda de beneficios, pero eso no ocurre con las innovaciones sociales, por lo que su difusión es limitada, y es conveniente estudiar los canales de esa difusión. En consecuencia, el objetivo principal de este trabajo consiste en profundizar en el concepto de redes municipales como instrumento de difusión de innovaciones sociales, mostrando una forma práctica de aplicación de la gobernanza regional. Concretamente, es el Distrito Metropolitano de Quito (DMQ Ecuador) quién nos servirá como referencia. Por tanto, el trabajo se va a centrar en analizar los principales aspectos de la innovación social realizada en el de DMQ y sobre todo en cómo se llevó a cabo el proceso de difusión a través de las redes municipales. De esa forma, se complementan las investigaciones existentes que se concentraron hasta el momento en Europa y en los EE. UU, con alguna información de América Latina.

Existe un consenso a nivel de la cooperación internacional sobre la necesidad de enfoques locales para solucionar los desafíos del futuro de las regiones. Las redes municipales se integran en el marco de la gobernanza regional (Regional Governance), concepto que resume la discusión científica sobre nuevas formas de gobernanza (Kleinfeld y Plamper, 2006). A nivel de políticas de desarrollo, se pueden observar algunas iniciativas. Así, por ejemplo, el concepto macro socio-ambiental del Ministerio de Educación e Investigación de Alemania representa una propuesta desde la cooperación bilateral (Nischwitz et al., 2002). También a nivel de la cooperación multilateral encontramos propuestas interesantes. La Unión Europea (UE) muestra en el concepto de la cohesión territorial (EU, 1999, 2007), en la que presenta como objetivos principales la necesidad de fortalecer las potencialidades de las regiones y las capacidades de respuesta de las grandes ciudades a los desafíos futuros, remarcando las decisiones fundamentales sobre la importancia de tratar el tema de zonas metropolitanas a nivel de las políticas internacionales.

En cuanto al nivel metodológico este trabajo contribuye a comprobar el alcance del concepto de gobernanza regional como posible instrumento para gestionar procesos dinámicos de transformaciones territoriales en países en vías de desarrollo, de manera que los gobiernos locales se coloquen en condiciones para gestionar / dirigir este proceso con mejores instrumentos propios con la finalidad de lograr una gestión eficiente. Consecuentemente, el gobierno podrá actuar como ente facilitador entre acciones empresariales, sociales y ambientales. Por tanto, se puede elaborar un instrumento de monitoreo para políticas públicas comunales, y sobre esta base, establecer un proceso de retroalimentación del concepto y de indicadores y variables operativas.

En cuanto a las contribuciones específicas, los resultados del trabajo van a permitir elaborar las relaciones conceptuales entre el modelo de una planificación territorial – ambiental y la innovación social, precisar las características territoriales entre la introducción de la innovación y su difusión a nivel internacional, analizar las posibilidades de respuestas comunales (redes comunales) para retos globales de desarrollo, identificando sus limitaciones actuales; presentar una perspectiva compartida entre puntos de vista territoriales y administrativos relativos a la cooperación municipal como expresión de una nueva categoría territorial; y formular propuestas sobre el rol de las mega-ciudades y zonas metropolitanas en el proceso de difusión de innovaciones sociales.

Para desarrollar el trabajo, se analizan a continuación a los conceptos teóricos y aspectos metodológicos necesarios para comprender el proceso de difusión de innovaciones sociales. Después, se expone el caso del DMQ y tras la discusión de ese caso de estudio, se presentan las principales conclusiones.

2. Conceptos previos

El análisis teórico del proceso de difusión de innovaciones sociales se enmarca en tres conceptos con referencia territorial: la gobernanza regional, los procesos geográficos de innovación y la investigación geográfica sobre redes metropolitana orientados hacia su posible contribución al proceso de difusión de la innovación social.

El marco de referencia en el que se inscribe esta investigación se refiere a la gobernanza regional, un concepto que sostiene que, para todos los actores locales existen unas tareas comunes (Gemeinschaftsaufgabe) y, como consecuencia, producen una plusvalía de rendimiento para la sociedad, sumando sus contribuciones. Si bien hasta ahora no se ha podido precisar su marco territorial, merece mencionarse que predomina un entendimiento de que la gobernanza regional puede desarrollarse sobre todo a nivel local. Así, se analizan formas de cooperación entre la política, la economía y la sociedad civil, es decir, cooperaciones entre actores que normalmente trabajan con lógicas diferentes de actuación. Merece recordarse que la gobernanza regional siempre requiere una oportunidad política, que se presenta, por ejemplo, como reacción a modelos neoliberales de gobierno, cambios de las políticas territoriales, retos nuevos de una competencia de localización entre regiones o necesidad de buscar redes en sociedades altamente diferenciadas (Fürst, 2004). Considerando que el concepto de la gobernanza regional fue desarrollado en el contexto de la política regional de la Unión Europea (UE) como una alternativa a las perspectivas centralistas, la mayoría de las experiencias documentadas se concentra sobre la realidad europea (Kleinfeld y Plamper, 2006). Sin embargo, al ser un concepto que ha surgido de la necesidad política aun no presenta una teoría general y tampoco se cuenta con una definición que incluya todas las facetas de discusión. El modelo de gobernanza señala el contexto de creación de innovaciones sociales y de inicio de las redes municipales.

Las perspectivas geográficas de innovación representan el segundo concepto. Se refieren a una serie de elementos asociados a la innovación, analizados en el contexto de movimientos en el territorio e impactos creados. Los principales parámetros de los procesos geográficos de innovación, de acuerdo a estudios previos, son el innovador, que se refiere a los actores económicos y sociales que generan la innovación; la propia innovación que se realiza, normalmente, un producto o proceso con rendimiento económico, aunque en este contexto se incluye la innovación social; el lugar de innovación, normalmente, una zona industrializada en el Norte; los actores de difusión, que suelen ser las organizaciones de la economía, o los servicios de apoyo que facilitan la difusión de la innovación; los actores de adaptación, que usualmente son las empresas, organizaciones de servicio o personas que adaptan la innovación para generar más valor económico; los canales de comunicación y las barreras u obstáculos que limitan ese proceso (Kiese, 2004; Windhorst, 1983). El presente trabajo se concentra en la innovación social, que se refiere a valores como bienestar, calidad de vida, inclusión social, solidaridad, participación ciudadana, eficiencia de servicios sociales, nivel educativo de una sociedad, incluyendo los procesos de aprendizaje, de planificación y una mejor gestión de un gobierno local. Habitualmente, se trata de una innovación intersectorial con perspectivas de aplicación amplia, muchas veces relacionada con nuevas formas de cooperación y de trabajo (Echeverría, 2008). Generalmente, una innovación social no tiene el objetivo de conseguir ventajas sobre competidores, tampoco es necesario proteger una innovación social con una patente (Morales Gutiérrez, 2009). Las innovaciones sociales tienen un carácter multifacético, presentando siempre perspectivas integradas para mejorar las estructuras dentro de un territorio.

El tercer concepto, las redes de zonas metropolitanas, ha sido considerado como una de las cuatro categorías principales de las investigaciones geográficas sobre redes y su funcionamiento (Glückler, 2010). Estas redes son instrumentos esenciales para la cooperación puesto que las conexiones que permiten dichas redes son un canal claro de transmisión de conocimientos. Ente otros aspectos, permite encontrar respuestas para cadenas de producción e innovación en el nivel local, apoyar redes globales de producción a través de los municipios y a empresas internacionales a través de la gestión en servicios intensivos de conocimientos, participar en la generación de conocimientos nuevos y evitar el aislamiento en conocimientos; aprovechar la localización ventajosa de zonas metropolitanas: accesibilidad alta, existencia de entidades de investigación, número alto de población y potencialmente muchos compradores, intercambio entre investigación – desarrollo y ventas, y el alto grado de centralidad existente en dichas zonas (Glückler, 2010).

La gobernanza regional señala el marco que facilita la creación de innovaciones y el establecimiento de redes municipales. Las perspectivas geográficas de innovación delimitan los aspectos de estudio para el caso de las innovaciones sociales y las redes municipales señalan el instrumento de difusión de estas que se quiere analizar en este trabajo. Para conjugar estos tres aspectos, se necesita establecer una serie de etapas que señalen los puntos de interés en el desarrollo de ese proceso de difusión. De acuerdo a esos elementos y teniendo en cuenta trabajos previos (Glückler, 2010), se proponen las siguientes etapas:

1. Elaborar mecanismos de gestión a nivel político administrativo: Los resultados sobre la utilidad de nuevas formas de gobierno a nivel local dependen de, si lo municipios disponen de instrumentos para gestionar el desarrollo económico / territorial / ambiental, p.ej. para analizar las bases para un territorio inteligente y aprovecharlas posteriormente, y si los objetivos de la política comunal están integrados coherentemente en el marco nacional (UIL, 2018).

2. Construir redes comunales para afrontar retos de la globalización y para aprovechar el impacto multiplicador de las zonas metropolitanas: Se requiere un análisis sobre las áreas de intervención accesibles para gobiernos locales, dentro del marco nacional; dónde y bajo qué condiciones se puede adaptar experiencias positivas; qué plataformas de presentación existen para la presentación de políticas compartidas.

A nivel nacional, aquellas zonas concentran mucha gente y muchas instituciones que puedan actuar como multiplicador de una innovación. Por otro lado, las zonas metropolitanas mantienen relaciones con territorios parecidos a nivel internacional, lo que facilita la comunicación sobre novedades propias o de otras zonas; en otras palabras, construir un territorio de mayor extensión, definido por intereses compartidos (UIL, 2018).

3. Establecer un consenso acerca del papel fundamental de las innovaciones sociales para gestionar el desarrollo socio-económico dentro del entorno territorial, ambiental, social de una manera sostenible, puesto que la participación de los actores es esencial para el éxito de la innovación social y de su difusión.

4. Conseguir conocimiento nuevo a través de la cooperación. Se supone, que se requiere conocimiento específico en temas relacionadas con políticas de desarrollo para lograr procesos de discusión y decisión dentro de las redes.

5. Estructurar el conocimiento nuevo de acuerdo a ese consenso y evitar información aislada, cuya base son los mecanismos previamente comentados. Esta etapa aúna los resultados de las etapas previas y es la fuente de innovación y base de su difusión, puesto que permite a otras organizaciones asumir el conocimiento para crear sus propias innovaciones.

Complementariamente, se presentan otros elementos que facilitan la difusión de las innovaciones, especialmente, la alta centralidad en la perspectiva institucional, que en la estructura del proceso apoya una flexibilidad de las estructuras personales, con cambios regulares entre las instituciones y las organizaciones internacionales. Estos cambios representan un instrumento de transferencia de conocimientos: se lo visualiza a nivel institucional, sin embargo, los portadores principales de los conocimientos son las personas. Además, existen otros factores como el hecho de que las posibilidades de actuar dentro de redes de cooperación no solamente dependen de las estructuras internas de las instituciones, sino también de la organización interna de cada institución y sus formas de funcionamiento. De forma adicional, se debe considerar la nueva cultura de política comunal, un aspecto introducido hace poco en la discusión sobre redes municipales (Gierhake, 2016).

3.   Metodología

El enfoque metodológico sigue la perspectiva de la geografía aplicada, que no cuenta con una metodología estándar para la investigación, por lo que, en este trabajo, se hará uso de una retro-alimentación entre teoría y práctica como guía principal del análisis, a partir de la observación de una serie de hechos y su discusión teórica. Este trabajo se basa en experiencias reales que tratan de articular nuevas realidades, valorando su contribución. En este contexto, para integrar el conocimiento existente en temas nuevos se analizan los impactos, después, se evalúan los objetivos y conceptos, finalizando con la planificación e implementación (von Rohr, 1994; Scholz, 2013, presentado bajo el nombre "transdisciplinaridad). La observación de esas experiencias, se combina con una serie de entrevistas semiestructuradas, realizadas en el año 2014, a diferentes agentes sociales participantes en el proceso de elaboración del plan estratégico municipal del DMQ y observadores ajenos, expertos que permitieron evaluar las causas de realización de ese proceso y hacer críticas de los defectos que su funcionamiento o aplicación llevaron asociados. Se entrevistaron 13 personas del DMQ, cubriendo los principales niveles jerárquicos y los sectores más importantes para una política territorial. En algunos casos, se ha desarrollado más de una entrevista por persona para evaluar y contrastar las diferentes opiniones para adaptar la base de información a un territorio concreto. La investigación en curso fue discutida con 10 expertos de otros territorios (Lima, Guadalajara, Posadas y Berlín) que permitieron contrastar y mejorar el análisis (listado de las entrevistas al final de la bibliografía). El contenido de las entrevistas se diseñó previamente, de modo estructurado, tratando de recoger los principales aspectos relativos a los elementos teóricos previamente establecidos (Gierhake, 2015).

Este enfoque conceptual abierto se ofrece como instrumento para analizar perspectivas y limitaciones de redes comunales para solucionar desafíos globales, teniendo en cuenta como hipótesis de base de este concepto que todas las actividades con impactos territoriales de una sociedad siempre suelen estar relacionadas con decisiones políticas.

La secuencia de análisis de esta investigación sigue un proceso de tres pasos con retroalimentación, tal como se detalla en la figura 1, llegando a un nivel explicativo más elaborado (Curiel Ballesteros et al., 2016; Gierhake, 2015; Jardon y Gierhake, 2017), que ayuda a explicar la difusión de innovaciones sociales.

En este contexto, se desarrollarán las propuestas y las hipótesis de trabajo para la investigación posterior, indicando aspectos metodológicos asociados a su análisis. Las investigaciones de ciencia aplicada sobre procesos socio-económicos en marcha necesitan indicadores adecuados.

Figura 1: Fases del proceso metodológico

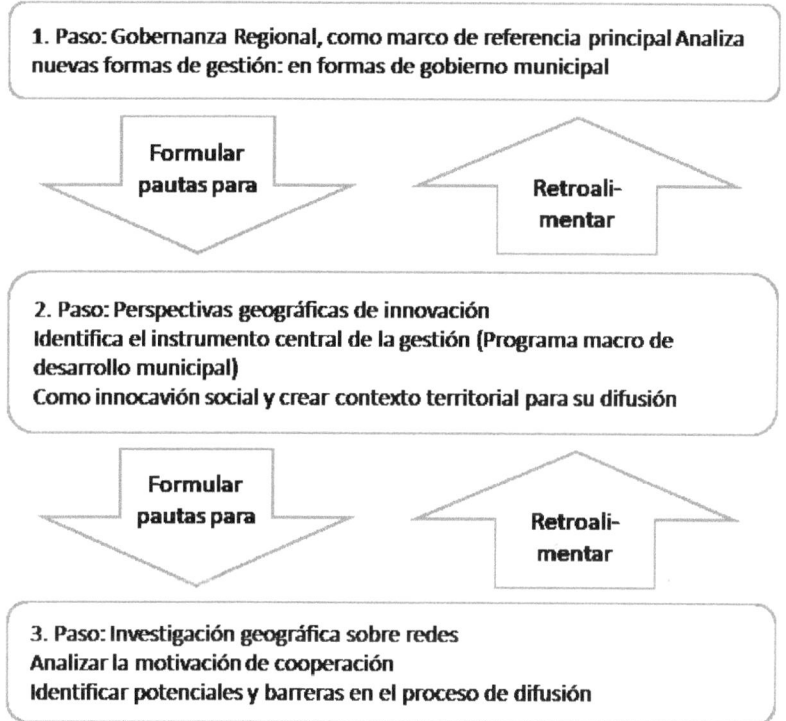

Fuente: Elaboración propia

3.1 El caso del distrito metropolitano de quito

Según el último censo del año 2010, el DMQ tienen una población de 2,24 millones de habitantes. Si bien es cierto, que el crecimiento poblacional disminuyó considerablemente entre 2001 y 2010 hasta el 2,2%, se debe recordar que el DMQ ahora tiene siete veces más habitantes que 60 años atrás. Hay procesos de sub-urbanización, sobre todo en los Valles, y pérdida de áreas boscosas y de agricultura. Como en todas las ciudades grandes, se puede constatar una concentración de los servicios sociales en los centros del área urbana, sin embargo, estos servicios muestran mejor cobertura en los Valles en los últimos tiempos (MDMQ, 2012a). El DMQ está gestionado políticamente por el Municipio (MDMQ), por lo que los aspectos institucionales serán analizados en este último.

Este apartado presenta en primer lugar el proceso de innovación llevado a cabo en el Distrito Metropolitano de Quito, centrándose específicamente en los instrumentos que, dentro de este mismo proceso, se dispusieron para promocionar sus resultados. A continuación, se exponen las redes municipales en las que participo el Distrito Metropolitano de Quito, como consecuencia del proceso de innovación. Finalmente, se analiza el modo en que esas redes municipales permitieron promover la difusión de la innovación social desarrollada en el DMQ.

3.2 Proceso de innovación en el distrito metropolitano de Quito y su orientación a la difusión internacional

El Plan de Desarrollo Metropolitano, constituyó una importante innovación social en el DMQ, sobre la base de una adaptación de los criterios para ciudades creativas (Gierhake, 2016). Los resultados de ese plan se manifiestan en el desarrollo socio-político de la ciudad entre 2009 y 2014. Por ejemplo, los asuntos públicos ganaron en influencia con la nueva administración municipal y se pudo observar un nivel de eficiencia incrementada (Gierhake, 2015); se introdujeron instrumentos con los cuales el Municipio puede gestionar los procesos territoriales por su propia iniciativa (MDMQ, 2012a); el espacio público pasó a formar un elemento central del desarrollo urbano (Barrera, 2014); se implementaron medidas para enfrentar la fragmentación económica y social de la ciudad (MDMQ, 2014a); y se logró posicionar la ciudad en redes internacionales, no sólo con referencia a aspectos económicos, sino también con referencia at aspectos socio-culturales. En ese contexto, merece mencionarse que la ciudad fue seleccionada como sede para eventos internacionales importantes.

Dentro de ese proceso innovador se establecieron los cauces para su difusión internacional. El MDMQ estableció un departamento específico para relaciones internacionales, que cuenta con su presupuesto propio. El objetivo principal de este departamento consistía en publicar las experiencias positivas del desarrollo comunal de Quito que contribuyen al fortalecimiento de la imagen de la ciudad a nivel nacional e internacional. Las actividades de este departamento están agrupadas en tres líneas principales: (1) relaciones internacionales, (2) posicionamiento estratégico de Quito y (3) asuntos administrativos.

Las relaciones institucionales internacionales del municipio del distrito metropolitano de Quito (MDMQ) se pueden agrupar en:

Liderazgo de organismos internacionales: miembro del Comité Ejecutivo de América Latina y del Caribe del ICLEI; Vice Presidencia del Centro Iberoamericano de Desarrollo Estratégico Urbano, CIDEU entre 2010 y 2012; de la Organización de las Ciudades del Patrimonio Mundial (OCPM) entre 2011 y 2013; y de la Red de Ciudades Suramericana en el año 2012. Además, el MDMQ mantiene relaciones estrechas con la UNASUR. Entre 2012 y 2014 el MDMQ se responsabilizó de la Co-Presidencia de la Unión de Ciudades Capitales Iberoamericanas, UCCI.

Membrecía en organismos internacionales, sin funciones de gestión específicas, por ejemplo, la Asociación Internacional de Ciudades Mensajeras de la Paz- IAPMC; Asociación Mundial de las Grandes Metrópolis – METROPOLIS; Organización Iberoamericana de Cooperación Intermunicipal - OICI; Centro de Educación a Distancia para el desarrollo Económico - CEDDET; UNEP (organización ambiental de las Naciones Unidas); Global Cities Dialogue; Concejo Consultivo Andino de Autoridades Municipales – CCAAM; Organización Latinoamericana y del Caribe para la Conservación de Centros Históricos – OLACHI.

Cooperaciones con ciudades hermanas: La Paz, Sta. Cruz de la Sierra, Sucre (Bolivia), Valparaíso (Chile), Bogotá, Medellín (Colombia), Lima (Perú), Antigua de Guatemala, Ixcan (Guatemala), Ciudad de México (México), Toronto, Montreal (Canadá), Louisville, Miami (Estados Unidos), Cracovia (Polonia), Asunción (Paraguay), Montevideo (Uruguay), Tegucigalpa (Honduras), San Salvador (El Salvador), Managua (Nicaragua), Rio de Janeiro, Belo Horizonte (Brasil), Habana, Cienfuegos (Cuba), Barcelona (España), St Denis (Francia), Moscú (Rusia), Coro, Cumana (Venezuela) y Tswange (Sudáfrica) (Conquito, 2014).

Tabla 1: Planificación e implementación de actividades en el Departamento Relaciones internacionales del MDMQ

(1) Objetivos:	Grado de cumplimiento
(1.1) Cooperación con la administración nacional	70 % cumplido
(1.2) Promover el rol del MDMQ como entidad que ofrece asesoría técnica	30 % cumplido
(1.3) Banco de datos de proyectos necesarios para cooperaciones internacionales	80 % cumplido
(1.4) Recopilación de los socios relevantes para el Municipio	100 % cumplido
(1.5) Firmar municipios internacionales 20 convenios extranjeros y cooperación con organizaciones	98 % cumplido
(1.6) Desarrollar instrumentos para la cooperación Internacional	90 % cumplido
(1.7) Acordar las actividades con el cuerpo diplomático acreditado	100 % cumplido
(2) Posicionamiento estratégico de Quito a nivel Internacional	100 % cumplido
(2.1) aprobación para que Quito sea sede de la conferencia Hábitat III	100 % cumplido
(2.2) Participar en ocho redes de ciudades	100 % cumplido
(2.3) Participación en cinco licitaciones internacionales orientadas hacia un reconocimiento de desarrollo comunal:	2 concursos ganados
(2.4) Participación capital cultural américa latina	Premio: Reina Sofía para conservación del patrimonio cultural

(2.5) Participación en por lo menos 200 actividades (congresos etc.) de interés para Quito	100 % cumplido

Fuente: Elaboración propia a partir de (Conquito, 2014).

Basándose sobre los indicadores formulados en el Plan de Gobierno 2009 – 2014, la situación que se presentaba a mitad del año 2014, se recoge en la Tabla 1, señalando los resultados de la innovación social llevada a cabo en DMQ. El desarrollo práctico de esos objetivos muestra formas de cooperación con las redes y las ciudades hermanas, como es el caso de Barcelona en cuanto a cooperación sobre asuntos de políticas económicas comunales, o el caso de Medellín, en el que la cooperación abarcó políticas económicas comunales y desarrollo de los espacios públicos, o las discusiones llevada a cabo sobre los asuntos de la rehabilitación de los Centros Coloniales con La Habana, Medellín y México (trabajos propios Quito, 2014). En todos esos casos, experiencias personales de personal directivo del MDMQ en aquellas ciudades complementaron adecuadamente la estructura institucional de ciudades hermanadas. En otras palabras, la cooperación funcionó sobre la base del aprovechamiento del capital humano y del conocimiento local.

La intensidad de ese proceso se manifiesta en dos indicadores de avance1: (a) un evento organizado en la ciudad de Quito muy probablemente produce más acogida (cobertura en la prensa), y por lo tanto aumentan el ámbito de personas interesadas (actores de difusión potenciales); (b) las contribuciones propias del MDMQ en congresos internacionales aumenten la atención de los oyentes, e igualmente tienen el potencial de influir positivamente el número de actores potenciales de difusión. De acuerdo a esos indicadores, se analizan a continuación la participación en congresos (seminarios) internacionales (ver Tabla 2).

La participación en congresos internacionales permitió que la ciudad ascendiera del rango 99 en el año 2002 al rango 83 en 2012 (Quito informa, 2012). La Tabla 2 señala la alta participación del MDMQ en los eventos sobre desarrollo urbano en las grandes metrópolis, como un instrumento para difundir innovaciones en el desarrollo territorial / ambiental / social en zonas metropolitanas.

Tabla 2: Congresos – zonas metropolitanas – innovación en desarrollo territorial y ambiental

Congreso – año / lugar	Temas relacionados con desarrollo territorial / ambiental en zonas metropolitanas	Contribuciones presentadas por instituciones de Quito
2011 Quito: 2.Segundo congreso mundial sobre comunicación en la política	Comunicación en la política local, agenda digital para ciudades	Conferencia: Democratizar la comunicación
2012 Quito: 6.Congreso latinoamericano de ciencias políticas	Análisis comparativo de políticas, participación, instituciones y conflictos, relaciones internacionales, administración pública y políticas	Coordinación de todos los grupos de trabajo
2012 Quito: 18.Congreso panamericano de arquitectura	Todos los aspectos de desarrollo urbano y metropolitano	Conferencia: ejes de intervención del Buen Vivir en el desarrollo urbano
2012 Quito: CEPAL – Comité: población y desarrollo	Población, desarrollo territorial sostenible, intercambio de experiencias nacionales	Participación
2013 Quito: Unión Ciudades Capitales Iberoamérica y MDMQ: Congreso: movilidad y transporte sostenible	Transporte urbano masivo y medio ambiente, relaciones ciudad – región, nuevos caminos para el transporte individual	Dirigir comité sectorial: movilidad urbana y organización general de este primer evento internacional
2013 Quito: Reunión de capacitación e intercambio del proyecto AL-LAS	Instrumentos de políticas públicas para acodar actividades de las ciudades latinas	Organización general del taller, moderación de diferentes grupos de trabajo

2013 Quito: MDMQ / UN / Corporación EKOS: Conferencia Corporate Social Responsability	Identificar competitividad, territorios y su organización bajo la perspectiva CSR	Presentación de las experiencias locales de Quito, Presentación agricultura urbana
2013 Bogotá: REDCISUR Foro internacional sobre seguridad en las ciudades	Análisis de riesgos naturales y prevención; Violencia y criminalidad, Seguridad pública, estudios de caso de los miembros	Presentación: Plan de Acción Quito
2013 Quito: Campus Party: Ciudad digital e innovación social	Agenda digital, Smart Cities	Conferencia: Innovación y ciudades inteligentes
2013 Rabat (Marruecos): 4.Congreso mundial CGLU	Aspectos de una nueva sociedad y formas de construir democracia	Asumir co-presidencia (Alcalde Barrera)
2014 Bogotá (Colombia): 2. Foro internacional de Espacio (otros reuniones 2013 y 2015)	Enfoques de espacio público en varias ciudades de América Latina y sus impactos sobre políticas comunales	Conferencia: construir ciudadanía con Espacios públicos
2014 Posadas (Argentina): MERCOCIUDADES: congreso de desarrollo urbano	Tendencias actuales de desarrollo urbano y metropolitano en todos los Estados del MERCOSUR y Chile	Conferencia: Innovación Social Quito – perspectivas territoriales de la Innovación Taller: Entorno creativo
2014 Quito: 19.Congreso Centro Latinoamericano de Administración y Desarrollo (CLAD): Reforma del Estado y administración pública	Profesionalizar funciones públicas, Innovación y gestión de calidad en la administración público, descentralización, políticas públicas.	Conferencia: Administración pública e inclusión

2015 Bogotá (Colombia): Foro Diálogo de ciudades latinoamericanas	Formas de gobierno y democracia a nivel local, Derecho de la Ciudad, Seguridad, rol de las redes de ciudades en la preparación de HABITAR III	Colaboración en el grupo de trabajo: inclusión social y nuevas formas de expresión de la ciudadanía
2015 México: Ciudades y Gobierno Locales Unidos. Seminario internacional deGobiernos locales por el derecho de la Ciudad	Derechos de la Ciudad	Participación
2015 Medellín (Colombia): Cities for Life (Alcaldía de Medellín, 2015)	Reuniones plenarias / grupos de trabajo: formas abiertas de gobierno, medio ambiente, planificación y desarrollo urbano, seguridad, ciudades inteligentes, laboratorio: Ciudad – espacios abiertos e innovación	Participación en los grupos de trabajo: gobierno, ciudades inteligentes, ciudadanía, laboratorios prácticos
2015 Quito: UNO / FLACSO / SENPLADES: Foro nacional para construir una agenda HABITAT III	Integración de la sociedad civil en la construcción de agendas nacionales: servicios municipales, gestión de ciudades, infraestructura comunal, Derechos de la Ciudad, política pública en ciudades grandes	Reunión nacional, sistematizar temas como p.ej.: análisis de la discrepancia mundial entre desarrollo de ciudades y territorio

2015 Seúl (Corea del Sur): Congreso mundial ICLEI y Comité Regional ICLEI para América Latina	Desarrollo sostenible de ciudades, todos los aspectos.	MDMQ se responsabiliza para gestionar uno de los cuatro comités regionales: construcción de una Agenda para HABITAT III
2015 Quito: UNESCO Comité regional: pasajes históricos de ciudades como instrumento de desarrollo	Todos los aspectos del desarrollo de centros urbanos	Octubre 2015
Nov 2015 Guadalajara (México): Foro internacional sobre formas innovadoras de gobernabilidad en zonas metropolitanas	Leyes y reglamentos, planificación urbana, planes de financiamiento, construcción de alianzas entre ciudades Participación HABITAT III	Noviembre 2015 Invitación para Quito (Flacso)

Fuente: recopilación propia de entrevistas realizadas, publicaciones en internet del MDMQ (temporales y permanentes), publicaciones periódicas del MDMQ (MDMQ, 2014b, 2014a), prensa local.

3.3 El Distrito metropolitano de Quito en las redes municipales de Latinoamérica

Existe una amplia tipología de redes municipales, de acuerdo al origen de sus conexiones, especialmente orientadas hacia la cooperación internacional. Esa amplia variedad ha enriquecido el desarrollo del DMQ y ha potenciado la difusión de las innovaciones sociales. Algunas no tienen límite de tiempo, otras son proyectos temporales. A continuación, se resumen ambos tipos de redes y la participación del DMQ, dejando la interacción de estas con el proceso de difusión para el siguiente apartado:

Redes internacionales de gobiernos locales

ICLEI (Local Goverments for Sustainability) representa la red de municipios más grande a nivel mundial, cuyo objetivo es apoyar el desarrollo sostenible, abarcando biodiversidad, emisiones bajas de CO_2, uso eficiente de recursos, movilidad ecológica, construcción de infraestructura inteligente y resiliencia en general. ICLEI organiza su trabajo internacional en seis programas temáticos. Los proyectos en Suramérica se concentran en Brasil, con 27 ciudades como Belo Horizonte, Belem, Campinas, Curitiba, Rio de Janeiro, Porto Alegre y Sao Paulo. Los otros miembros vienen de Argentina (Buenos Aires y Mar del Plata), Bolivia (Trinidad), Chile (tres, entre ellos Nuñoa y Santiago), Colombia (Bogotá, Manizales, Medellín), Ecuador (Quito), Perú (Cajamarca) y Uruguay (Montevideo). El DMQ asumió la responsabilidad del desarrollo sostenible (ICLEI, 2015).

La Red 100 ciudades resilientes fue creada y se financia por la Fundación Rockefeller. Su objetivo es atender ciudades a nivel mundial para construir una resiliencia mejorada ante los retos ecológicos, sociales y económicos. Los miembros latinos de esta red abarcan las ciudades siguientes: Cali, Medellín (Colombia), Santiago (Chile), Ciudad Juárez (México), Porto Alegre, Rio de Janeiro (Brasil), Santiago (República Dominicana) y Quito (Ecuador). Para cada ciudad miembro se ha elaborado un perfil específico de los retos que afronta una resiliencia mejorada de la ciudad que, en el caso de Quito se refiere a los terremotos, inundaciones e incendios forestales (Resilient Cities).

La Red de Ciudades Suramericanas (REDCISUR) fue creada en el año 2012, por la iniciativa de los Alcaldes de Bogotá, Quito y Lima, con idea de integrar todos las Capitales de Suramérica y el Distrito Federal de México, para establecer una plataforma de diálogo para nuevas políticas locales con la finalidad de afrontar los grandes retos de las ciudades millonarias. Tal como está estructurada podría indicar que los temas de conocimiento local y su gestión a nivel comunal han ganado importancia en los discursos políticos, integrándose Quito en esos proyectos.

En el contexto del concepto de geografía de innovación se puede concluir que se han construido canales de comunicación, aunque falta afinar los instrumentos que permitan su aprovechamiento eficiente.

Redes basadas en proyectos internacionales

El Proyecto Emerging and Sustainable Cities Initiative del BID se inició en el año 2011 con cinco ciudades, y amplió los miembros sucesivamente, hasta llega a 57 miembros en el año 2015. El proyecto apunta a modelos de desarrollo sostenible para ciudades entre 100,000 y dos millones de habitantes. Se quiere mejorar los contactos institucionales, elaborar planes de acción integrados sostenibles y mejorar el intercambio de información (IDB, 2015).

Por otro lado, el proyecto URB AL de la Unión Europea, en su última fase (2009 – 2012) se apoyó a 20 redes de ciudades latinoamericanas y europeas. Su objetivo principal era apoyar y consolidar políticas públicas, sobre todo en los campos siguientes: desarrollo económico local, medio ambiente, ordenamiento territorial, participación, cooperación internacional, rehabilitación de áreas urbanas degradadas, seguridad pública y trabajo (Oficina de Coordinación y Orientación, 2013). Tres de las 20 redes tuvieron un enfoque holístico de desarrollo territorial. La única red que se concentró a zonas metropolitanas fue INTEGRATION (URB-AL, 2011).

A nivel mundial, 286 municipios firmaron el Pacto Climático de México, de los que el 42.3 % se encuentran en América Latina. La idea de dicho pacto era reducir voluntariamente la emisión de gases de efecto invernadero, introducir medidas locales para mitigar el cambio climático, elaborando estrategias de adaptación local, mejorar la integración de la sociedad civil en todas las acciones contra el cambio climático a través de la cooperación de los municipios con instituciones de la cooperación multilateral y con la administración pública nacional.

Quito participó como socio en todos estos proyectos. Sin embargo, se puede observar una tendencia acerca de la escasez de documentación que indique que existiera un proceso de comunicación e intercambio entre los diferentes proyectos. Esta observación no excluye formas de comunicación personal e informal, puesto que todos los proyectos presentados cuentan con grandes bancos de datos. De todas formas, se trataría de una cooperación casual (no institucionalizada).

Redes de cooperación y difusión de la innovación social

En este apartado se analizan los pasos establecidos para el éxito de difusiones en redes municipales en el caso de la difusión territorial de la innovación social del DMQ, lo que permite sugerir s el papel que podrían jugar las redes metropolitanas en los procesos de difusión de innovaciones.

La Tabla 3 recoge la información de cada etapa en el caso del DMQ manteniendo la estructura básica de las razones para cooperar dentro de redes metropolitanas y explicando el contenido de cada indicador bajo la perspectiva de la innovación social en Quito (Expresiones del indicador en el caso DMQ), y su utilidad.

Tabla 3: Redes y criterios para trabajar la difusión de la innovación

Paso o aspecto básico	Expresión en DMQ
Elaborar mecanismos de gestión a nivel político administrativo	El plan del Desarrollo Metropolitano, que propone un tratamiento coherente de la zona urbanizada y sus territorios aledaños, que encaja bien en las disposiciones nacionales (MDMQ, 2012b). - Varios planes sectoriales, que encajan en el Plan Metropolitano y, además, se elaboraron nuevos instrumentos de coordinación intersectorial. La planificación muestra coherencia en su perspectiva horizontal (varias entidades del mismo nivel administrativo). - Ordenanza comunal sobre la nueva definición de innovaciones en el DMQ (MDMQ, 2012c). - Nueva estructura de organización y del funcionamiento en el MDMQ. - Desarrollo del Instituto de la Ciudad como una entidad de investigaciones aplicadas sobre temas del desarrollo comunal (Gierhake, 2015). - Estudios locales sobre temas diferentes: Investigación y Desarrollo en el MDMQ (MDMQ, 2010).
Construir redes comunales para afrontar retos de la globalización	- Asumir cargos de liderazgo en entidades internacionales - Membrecías en instituciones internacionales, eventualmente como expresión particular en organismos latinos - Establecer una organización interna de la administración (Dep. para Relaciones Internacionales, véase Tabla 4) y formular el objetivo Aumentar relaciones internacionales dentro del plan de gobierno. - realizar presentaciones a nivel internacional, hacer operativo el objetivo del plan de gobierno ofrecer asesoría (véase Tabla 3 – proximo paso en esta Tabla).

	- Lograr que organizaciones internacionales tomen la ciudad como sede de sus oficinas (UNASUR); realizar eventos internacionales (véase Tabla 4). - concretar la cooperación internacional para implementar el plan de gobierno. - todas las iniciativas que tienen impacto sobre el capital relacional del municipio: realizar congresos internacionales; actividades en el sector del turismo (Gierhake y Jardon, 2017).
Conseguir conocimiento nuevo a través de cooperación internacional	- todos los congresos mencionados en la tabla 5 que incluyeron presentaciones propias de instituciones de Quito. - publicaciones propias (científicas y populares) - el capital humano y estructural de la administración pública (Gierhake y Jardon, 2017).
Estructurar conocimiento nuevo y evitar aislamiento de información	Desarrollar el Instituto de la Ciudad como un think tank - Integrar las universidades, no solamente las ciencias duras, sino también facultades socio-económicas y trabajar el enfoque de ciencias aplicadas - Estructurar plataformas de diálogo con la sociedad (ejemplo: la propuesta para una ciudad inteligente, Barrera, 2013) - Número y calidad técnica de departamentos sectoriales que pueden implementar nuevos enfoques: ejemplo fortalecer desarrollo económico local a través de CONQUITO (Gierhake, 2015; MDMQ, 2014a) - publicaciones (Instituto de la Ciudad, universidades y sus medios de publicación)
Aprovechar impacto multiplicador de zonas metropolitanas	- accesibilidad física (nuevo aeropuerto, terminales de buses, carreteras nacionales, líneas internet de alta velocidad). - accesibilidad interna (Metro, bicicleta comunal). - trabajo de relaciones públicas del municipio (libros, revistas, agenda digital Quito). - Diversidad de las expresiones culturales en el municipio: institutos culturales extranjeros, programa cultural y de capacitación de las universidades,

	eventos culturales de migrantes de otras partes del territorio nacional - Concepto del Espacio Público y territorializar cohesión y conocimiento local en el municipio (Gierhake y Jardon, 2015). - Cercanía y accesibilidad de institutos de investigación nacionales. - Accesibilidad al gobierno nacional y organismos regionales (por ejemplo: UNASUR).
Alta centralidad en la perspectiva institucional	- memoria institucional del MDMD (Gierhake y Jardon, 2017) - Número de personas de alto y medio nivel profesional que han cambiado puestos de trabajo entre municipio, universidad y sociedad civil. - programas nuevos de la sociedad civil, introducidos en el DMQ y difundidos por el territorio nacional. - Sede de organizaciones internacionales.

Fuente: Elaboración propia

El análisis de la Tabla 3 sugiere que los motivos para la cooperación dentro de redes metropolitanas se pueden adaptar a la innovación social como motivo para la cooperación. Además, para cada uno de los indicadores de la Tabla 3 se pueden formular expresiones locales en el DMQ, que permiten hacer operativo este indicador para la investigación, si bien en algunos casos existen limitaciones, por ejemplo para analizar la memoria institucional. Finalmente, los pasos anteriores señalan un camino para estructurar las actividades internacionales del MDMQ. El objetivo de fortalecer la cooperación internacional contó con una base estructural estable. Las actividades realizadas a nivel de congresos internacionales (Tabla 2) sirven como indicadores para monitorear como la difusión de la innovación social avanza en el territorio internacional.

Existen factores complementarios, como la modernización administrativa del municipio (estructura y funcionamiento), la capacidad de organizar y llevar a cabo congresos, las formas de comunicación del municipio con la ciudadanía y la sociedad civil y los valores de la sociedad que favorecen bienes y espacios públicos, donde la cooperación sobrepasa capas sociales (Gierhake, 2016).

4. Discusión

Con idea de transferir un método existente hacia una nueva problemática (von Rohr, 1994), y dado que los indicadores disponibles en los documentos accesibles mostraron limitaciones en cuanto a su interpretación en el nuevo contexto, el estudio se concentra en algunos aspectos escogidos.

De acuerdo a la tabla 1, se ha logrado el objetivo de posicionar a Quito a nivel internacional. Ese posicionamiento ha permitido difundir el proceso de innovación social llevado a cabo en DMQ hacia otros territorios, tal como se señala en la Tabla 4, adaptando el modelo de parámetros del proceso geográfico de la innovación.

Tabla 4: La difusión de innovaciones sociales del MDMQ desde la perspectiva de parámetros geográficos de innovación

Innovador: MDMQ
Innovación: el Plan de Desarrollo Metropolitano con planes sectoriales y reglamentos
Lugar de la Innovación: el DMQ.
Sobre la base de una adaptación de los criterios para ciudades creativas (Gierhake, 2016) se pueden analizar e identificar razones relacionadas con la estructura territorial para la introducción de la innovación social en Quito.
Actores de difusión: incluye las entidades de la administración pública local, instituciones de la sociedad civil, universidades etc. El contexto local ya está documentado (Gierhake, 2015). El MDMQ forma parte de varias redes internacionales que discuten nuevos escenarios de zonas metropolitanas. Se ha establecido la estructura de organización y los procesos de funcionamiento de la comunicación. Los criterios para la instalación y funcionamiento de redes metropolitanas en el área económica (Tabla 3) se pueden transferir al caso de la innovación social en Quito. Además, estos criterios permiten un análisis de profundidad del proceso de difusión de la innovación social de Quito. Los contactos institucionales internacionales representan un actor importante en el proceso de difusión.
Actores de Adaptación: esta categoría abarcar la sociedad civil en su totalidad. Si bien, algunos aspectos ya se han manifestado como consecuencia del plan, para poder complementar la información, se requiere trabajo adicional después de un periodo de tiempo.

Canales de comunicación: A nivel internacional, merece diferenciar dos perspectivas diferentes: por un lado, la base ya estructurada en términos institucionales, y por otro lado los procesos de comunicación iniciados en los congresos y seminarios. Basándose en la información de la Tabla 5 se puede mostrar, que se han establecido canales de comunicación y se han acumulado experiencias de cómo se pueden aprovechar.

En relación con la difusión internacional y los criterios para instalar y aprovechar redes metropolitanas, se puede constatar, que se ha solucionado un problema fundamental de innovaciones sociales, el aislamiento de conocimientos. El MDMQ estuvo presente en muchos foros internacionales, incluyendo con presentaciones propias (Tabla 5).

Barreras (obstáculos): Las capacidades administrativas y conceptuales del Innovador no representan ninguna limitación en este proceso (Tabla 4). Por otro lado, existen obstáculos en el área de comunicación, por ejemplo, la comunicación con la academia (trabajos propios Quito, 2014).

Las presentaciones del proyecto innovación social en Quito en varios países mostraron también, que el alcance y la profundidad del proceso de innovación en Quito no se dio a conocer suficientemente (trabajos propios Posadas / Lima / Guadalajara, 2014). Parece ser, que en este ámbito existe una barrera para el proceso de difusión de la innovación social en Quito

Fuente: Elaboración propia

Tomando en cuenta esas observaciones, el caso del DMQ muestra características nuevas (y positivas), sugiriendo que se puede influir el desarrollo territorial-ambiental de una gran metrópolis. Existe un interés de compartir esas experiencias y la capacidad de presentarlas en foros internacionales.

El proceso de innovación del DMQ, en relación con las experiencias europeas en el desarrollo de zonas metropolitanas, muestra su coincidencia con algunas tendencias de desarrollo interesantes:

a) no hay problemas de legitimación democrática, porque el MDMQ tiene competencia en todo el territorio

b) El DMQ como localización ganó importancia, no sólo en términos económicos industriales como en el caso de las experiencias europeas, sino también en cuestiones culturales, políticas y sociales, los que se podrían transformar en efectos multiplicadores en políticas territoriales. En el contexto de las razones para buscar cooperación en redes metropolitanas, el DMQ ha sobrepasado los resultados conocidos teóricamente.

c) Con el programa de desarrollar el Espacio Público (Gierhake y Jardon, 2015) se cuenta con un ejemplo empírico, cómo se podría implementar uno de los objetivos de la teoría europea, que se tiene que crear espacios de calidad de vida e identidad en los núcleos urbanos de las zonas metropolitanas.

Los temas discutidos en dichas redes sirven como argumento para mostrar, que existe una nueva categoría territorial donde varios actores interactúan sobre la base de intereses / problemas compartidos, forman un territorio que se define sobre aspectos funcionales, en un espacio virtual.

El análisis muestra que las redes basadas en proyectos financiados por un tiempo definido muestran una tendencia al aislamiento del conocimiento elaborado (véase las documentaciones de ICLEI-KAS, 2014; URB-AL, 2011). Después de terminar un proyecto, hace falta un actor institucional que se pueda encargar de la difusión de los logros (innovaciones) Complementariamente, las redes regionales (REDCISUR / Cumbre de Bogotá/ congresos anuales etc.) posiblemente podrían ser una respuesta al problema no solucionado de sistematización de los resultados y difusión de los mismos (Tabla 6).

Los resultados de este trabajo muestran que existe una alta interdependencia de características de redes metropolitanas y procesos territoriales de innovación social, en particular, el concepto geografía de redes metropolitanas produce información fundamental sobre los actores en el proceso de difusión de una innovación social. Sin duda, los congresos y talleres internacionales representan un paso importante en la difusión de la innovación y del aprovechamiento del conocimiento local. Se pudo verificar la capacidad de organizar eventos grandes y la recopilación de las presentaciones. El ejemplo del DMQ muestra un proceso concreto de aquella comunicación y pasos de cómo analizarla, sugiriendo un avance de sud comparación con modelos geográficos de innovación existentes.

La forma como el MDMQ participó en congresos internacionales podría ser el punto de partida para ir analizando cómo el intercambio de conocimientos sobre desarrollo comunal funciona a nivel internacional.

Finalmente, las características de redes metropolitanas orientadas hacia fines económicos se pueden adaptar a innovaciones sociales en redes metropolitanas, tal como se ha mostrado con el DMQ como ejemplo empírico.

Como consecuencia se establece las siguientes proposiciones:

P1: los planes comunales de desarrollo que presenten aspectos innovadores para lograr objetivos sociales, económicos y medioambientales conjuntamente pueden calificarse como innovación social, puesto que la innovación social mantiene las características de movimiento territorial tal como otros proyectos de innovación analizados con el enfoque tradicional.

P2: Por el hecho de pertenecer a una red existe un proceso de intercambio de información y de aprendizaje. Este proceso lleva conocimientos a las localizaciones de los miembros (e induce procesos secundarios de transferencia de conocimientos dentro de aquellas localizaciones). Además, si una institución ha asumido un rol de liderazgo dentro de una red, es plausible, que aquella institución pueda influir más activamente en la discusión sobre contenidos en su respectiva red.

P3: Las redes municipales representan un actor de difusión en un proceso de innovación territorial que depende de los temas y las competencias que tienen los actores municipales. De forma general, se puede suponer que la planificación territorial y ambiental representa un área de actuación importante en el contexto de la discusión global sobre descentralización y democratización, en la cual, un municipio tiene ventaja comparativa en competencia y capacidad.

5. Conclusiones

Este trabajo ha analizado el proceso de difusión de innovaciones sociales en el DMQ a través de redes municipales. Para ello, se ha introducido los instrumentos de difusión que el DMQ elaboro dentro de su proceso de innovación social y como esos instrumentos enlazaban con las redes municipales de ciudades en Latinoamérica.

Considerando las dificultades de varias investigaciones que priorizaron la perspectiva teórica para acercarse al tema y que apuntan a la problemática de encontrar definiciones consensuadas sobre palabras claves, como por ejemplo gobernanza regional, ciudad creativa (o: inteligente) etc., en este trabajo se señala un camino diferente, enfocando primero experiencias territoriales concretas. Sobre la base de esta investigación de carácter territorial – análisis cualitativo se quieren presentar conclusiones que ayuden a la construcción de aspectos particulares de un modelo de gobernanza regional e investigación geográfica en redes de municipios orientados hacia las condiciones latinoamericanas.

Los resultados del trabajo señalan que las redes metropolitanas pueden ser un canal de la difusión de innovaciones sociales, por ejemplo, precisar las condiciones para gestionar ciudades con características inteligentes (UIL, 2018). Para ello, estas deben cumplir una serie de características: que existan mecanismos de gestión a nivel político administrativo orientados a la difusión; que las redes comunales estén construidas para para afrontar retos de la globalización y para aprovechar el impacto multiplicador de las zonas metropolitanas; que haya un consenso acerca del papel fundamental de las innovaciones sociales para gestionar el desarrollo socio-económico dentro del entorno territorial, ambiental, social de una manera sostenible; y que se estructure el conocimiento nuevo de acuerdo a ese consenso evitando la información aislada, y basándose en los mecanismos previamente comentados.

Este escenario pone un contexto para discutir un paradigma de las ciencias políticas, que requiere nuevas formas de gobernanza a nivel local para afrontar los retos de la globalización. Estos resultados coinciden en parte con las propuestas de UIL,(2018) acerca de redes comunales compuestas por varias zonas metropolitanas que comparten problemas potenciales incluyendo los beneficios de ciudades concertadas.

El desarrollo futuro de esas redes ha estado condicionado por la evolución política de la ciudad, con un cambio de gobierno que significó un cambio de estrategias en cuanto al desarrollo de actuaciones en la línea de la innovación social presentada, limitando también el desarrollo de las redes municipales. No obstante, la difusión de la innovación social establecida se ha mantenido, como se puede observar en las publicaciones (Gierhake y Jardon, 2017) y reuniones de difusión sugeridas en la tabla 4.

El trabajo abre una serie de aspectos para futuras investigaciones. Por una parte, es conveniente analizar la dinámica del nuevo conocimiento y sus impactos dentro de las redes como expresión del uso del espacio virtual conformado por las redes. Por otra parte, se abre la discusión para una hipótesis adicional: que el DMQ responde a las características de una región de conocimientos, tal como fue descrita de forma inicial en Europa. Esta nueva orientación de la discusión sobre regiones de tecnología o de conocimientos incluye el aspecto de la aceptación socio-política de procesos de modernización en un territorio.

El diálogo entre avances sustanciales en la creación de innovaciones sociales en América Latina, por un lado, y el desarrollo teórico – científico en Europa por otro lado, representaría un alto potencial para afrontar problemas de la globalización (Fernandez Jardon et al., 2016), más específicamente procesos dinámicos de cambios territoriales. Un análisis más profundo sobre conocimientos y su aprovechamiento en el contexto social político requiere enfoques metodológicos nuevos. En este sentido, la propuesta de ampliar Corporate Social Responsability como un instrumento de monitoreo para políticas públicas (Bertelsmann Stiftung-GTZ, 2007) representa un punto de partida para diseñar pasos para investigaciones futuras.

# 6.	Bibliografía

Bähr, Jürgen, and Günter Mertins. (1995) Die lateinamerikanische Großstadt. Wissenschaftliche Buchgesellschaft: Verstädterungsprozesse und Stadtstrukturen. Darmstadt, Alemania.

Ballesteros, Arturo Curiel, Silvia Lizette Ramos de Robles, and María Guadalupe Garibay Chávez (2016) 'Conocimiento local y sentido de lugar en el territorio de México para un desarrollo sustentable', in Fernandez Jardón, Carlos Maria; Gierhake, Klaus; Martos, Maria Susana. (ed.) Innovación social y conocimiento local en Latinoamérica. Vigo: Servizo de Publicacións Universidade de Vigo, Vig, España, pp. 145–161.

Barrera, Augusto (2013) Ciudad Digital e Innovación Social, Ponencia: presentada en la Feria de Universidades Quito 2013, Quito, Ecuador.

Barrera, Augusto. (2014) Informe de Gestión del Alcalde de Quito, Augusto Barrera, 2009-2014. Secretaría General de Planificación, Quito, Ecuador, https://es.scribd.com/doc/221238761/Informe-de-Gestion-del-Alcalde-de-Quito-Augusto-Barrera-2009-2014, 16 de diciembre de 2014.

Bertelsmann Stiftung-GTZ (2007) The CSR Navigator: Public Policies in Africa, the Americas, Asia and Europe. Partner for the Future Worldwide, Bertelsmann Stiftung, Gütersloh, Alemania, https://www.bertelsmann-stiftung.de/fileadmin/files/BSt/Publikationen/GrauePublikationen/GP_The_CSR_Navigator.pdf (15 de Mayo de 2016).

Borsdorf, Axel, and Martin Coy. (2009) 'Megacities and Global Change: Case Studies from Latin America', Die Erde, 140(4), The Geographical Society of Berlin, Berlin, Alemania, pp. 1–20.

Carrasco, Julia Salom (2003), "Innovación y Actores Locales En Los Nuevos Espacios Económicos: Un Estado de La Cuestión." Boletín AGE., 36 (1), Asociación de Geográfos españoles, Madrid, España, pp. 7–30.

Conquito (2014) CONQUITO diversos informes del año 2013 en el portal de tranparencia. Agencia Metropolitana de Promoción Económica de Quito. Available at: http://www.conquito.org.ec/transparencia (Accessed: 7 October 2014).

Coy, Martin y Tobias Töpfer (2012), "Metropolen in Lateinamerika: Entwicklungen zwischen Inklusion und Exklusion", Praxis Geographie, 42 (5), Westermann, Braunschweig, Alemania, pp. 4–11.

Echeverría, Javier (2008) 'El manual de Oslo y la innovación social', ARBOR, CLXXXIV (732), Consejo Superior de Investigaciones Científicas, Madrid, España, pp. 609–618.

Esparcia Pérez, Javier, Joan Noguera Tur y Vicente Ferrer Sanantonio (2003), "La innovación empresarial y la difusión como nuevos factores de desarrollo territorial. Una comparación entre dos áreas geográficas de diferente accesibilidad", Boletín de la AGE, 36 (1), Asociación de Geográfos Españoles, Madrid, España, pp. 149–160.

EU (European Union) (1999), "Cohesión territorial - Política Regional - Comisión Europea, European Union", Comisión Europea, Bruselas, Belgica, Luxembuergo, http://ec.europa.eu/regional_policy/es/policy/what/territor ial-cohesion/, 14 de mayo de 2017.

EU (European Union) (2007), "Apoyo de la Comisión Europea a la Descentralización y a la Gobernanza Local en terceros países", Comisión Europea, Bruselas, Belgica, Luxembuergo, https://webgate.ec.europa.eu/f pfis/mwikis/aidco/images/9/9c/DECENTRALISATION_LOCAL_GOVERNANCE _REFDOC_FINAL_SP.pdf, 14 de mayo de 2016

Fernandez Jardón, Carlos Maria, Klaus Gierhake, Maria Susana Martos (2016), Innovación social y conocimiento local en Latinoamérica, Servicio de Publicaciones Universidade de Vigo, Vigo, España.

Fromhold-Eisebith, Martina (2010), "Von der Technologie- zur Wissensregion – Neukonzeption anhand des Beispiels der Region Aachen", en Frank Roost (ed.), Metropolregionen in der Wis-sensökonomie, SURF, Detmold, Alemania, pp. 61–80.

Fürst, Dietrich (2004) "Regional governance", en Arthur Benz (ed.), Governance- Regieren in komplexen Regelsystemen, Springer, Berlin, Alemania, pp. 45–64.

Gaebe, Wolf (2004), Urbane Räume, 61 Tabellen, Ulmer, Stuttgart, Alemania

Gierhake, Klaus (2015), "Integrierter Umbau der Raumstruktur im Metropolitandistrikt Quito (Ecuador) – ein Ansatz zur Diskussion geographischer Innovati onsforschung", núm. 67, Giessener Elektronische Bibliothek, Giessen, Alemania, https://nbn-resolving.org/urn:nbn:de:hebis:26-opus-114279, última fecha de consulta: 30de marzo de-2018

Gierhake, Klaus (2016), Metropolregionen – Kooperationen und Zukunftsaufgaben: Diffusion sozialer Innovation im Raum, am Beispiel von Quito (Ecuador), Giessener Elektronische Bibliothek, Giessen, Alemania

Gierhake, Klaus y Jardon, Carlos Maria. (2015) 'Espacio público en Quito (Ecuador). Un instrumento innovador para implementar el desarrollo territorial', Vision de Futuro, 20(1), Universidad Nacional de Misiones, Posadas, Argentina, pp. 44–66.

Gierhake, Klaus y Jardon, Carlos Maria. (2017) 'Indicadores de territorios creativos: una aplicación al Distrito Metropolitano Quito', Visión de Futuro, 21(1). Universidad Nacional de Misiones, Posadas, Argentina, pp. 151-171

GIZ (2012), Megastädte / Megacities, Gesellschaft für Internationale Zusammenarbeit, Bonn, Alemania

Glückler, Johannes (2010), "Netzwerkforschung in der Geographie", en Stegbauer, Christian. (ed.), Handbuch der Netzwerkforschung, Springer Verlag, Wiesbaden, Alemania, pp. 881-889.

Heinrichs, Dirk y Nuissl, Henning (2007), "Megastädte als Risikolebensraum- Strategien für eine nachhaltige urbane Entwicklung. Die Helmholtz- Forschungsinitiative ‚Risk Habitat Megacity", en Werhan, Rainer (ed.), Risiko und Vulnerabilität in Lateinamerika, Geographisches Institut der Universität, Berlin, Alemania pp. 293–301.

ICLEI-KAS (Gobiernos Locales por la Sustentabilidad y Konrad-Adenauer-Stiftung) (2014) Sustentabilidad Urbana. Experiencias en América Latina. Sao Paulo. Available at: http://www.kas.de/wf/doc/kas_40000-1522-4-30.pdf?141217132328 (Accessed: 15 May 2016).

ICLEI (Gobiernos Locales por la Sustentabilidad) (2015) Who is ICLEI | ICLEI Global, ICLEI - Local Governments for Sustainability. Available at: http://www.iclei.org/about/who-is-iclei.html (Accessed: 15 May 2016).

IDB (Inter-American Development Bank) (2015) Emerging and Sustainable Cities Initiative: Indicators Values | Rally - Open Data Portal, Inter - American
Development Bank. Wahshington, U.S.A. Available at: https://mydata.iadb. org/es/Urban-Development-and-Housing/Emerging-and-Sustainable-Cities-Initiative-Indicat/rq4a-d9gg/about (15 de mayo de 2016).

Intendencia de Montevideo (2015) Foro internacional de Incidencia Global de las ciudades, Intendencia De Montevideo. Montevideo, Uruguay. Available at: https://www.proyectoallas.net/documents/161716/965989/1 3.+Sintesis+ejecutiva+7+Taller+ALLAs.pdf/6635b3f8-2ccf-4047-b64a-86bd50c0a266 (Accessed: 21 October 2016).

Jardon, Carlos Maria and Gierhake, Klaus. (2017) 'El conocimiento local como factor de innovación social: el caso del distrito municipal de Quito', Investigaciones regionales, No38, Asociacion española deCiencia regional, Madrid, España. pp. 1–24.

Kiese, Matthias. (2004) Regionale Innovationspotentiale und innovative Netzwerke in Südostasien: Innovations- und Kooperationsverhalten von Industrieunternehmen in Singapur. Münster, Alemania

Kleinfeld, Ralf, and Harald Plamper. (2006) 'Regional Governance Band 1. (Steuerung, Koordination und Kommunikation in regionalen Netzwerken als neue Formen des Regierens). Edited by Andreas Huber. Osnabrück, Alemania, pp. 5–424.
Available at: http://library.fes.de/opus4/frontdoor/index/index/docId/262 25. (25 de mayo de 2015)

Kohut, Karl (1984), Die Metropolen Lateinamerikas. Hoffnung und Bedrohung für den Menschen, Akten der Fachtagung "Die Metropolen in Lateinamerika - Hoffnung und Bedrohung für die Menschen" vom 16. - 20. November 1984 an der Katholischen Universität Eichstätt. Eichstätter Beiträge / Abteilung Lateinamerika; 2; Veröffentlichungen des Zentralinstituts für Lateinamerika- Studien, Regensburg, Alemania.

MDMQ (Municipalidad del Distrito Metropolitano de Quito) (2010) varios documentos posibles en la pagian web: sistemas de indicadores y pulbicaciones. Instituto de la Ciudad de Quito, Municipalidad del distrito metropolitano de Quito. Quito, Ecuador, Available at: http://www.institutodelaciudad.com.ec/ (21 de marzo de 2015).

MDMQ (Municipalidad del Distrito Metropolitano de Quito) (2012a) Agenda_Digital_Quito_2022, Municipio de Quito distrito metropolitano, Quito, Ecuador, Available at: http://www.quitodigital.gob.ec/wp-content/uploads/2013/10/Agenda_Digital_Quito_2022_Resumen.pdf (30 de julio de 2014).

MDMQ (Municipalidad del Distrito Metropolitano de Quito) (2012b) ORDM- 0263: Régimen administrativo de fomento a las innovaciones tecnológicas y creaciones originales en el distrito metropolitano de Quito, Municipalidad del Distrito Metropolitano de Quito, Quito, Ecuador. Available at: http://www7.quito.gob.ec/MDMQ_ordenanzas/Ordenanzas/ORDENANZ AS MUNICIPALES 2012/ORDM-0263 RÉGIMEN ADMINISTRATIVO DE FOMENTO A LAS INNOVACIONES TECNOLÓGICAS Y CREACIONES ORIGINALES EN EL DISTRITO METROPOLITANO DE QUITO.pdf (Accessed: 16 December 2014).

MDMQ (Municipalidad del Distrito Metropolitano de Quito) (2012c) Plan metropolitano de desarrollo 2012 - 2022, Municipalidad del Distrito Metropolitano de Quito, Quito, Ecuador. Available at: http://www.centrocultural-quito.com/imagesFTP/13644.Plan_de_Desarrollo_Local_2012_2022.pdf (Accessed: 16 December 2014).

MDMQ (Municipalidad del Distrito Metropolitano de Quito) (2014a) Informe de Transición., Municipalidad del Distrito Metropolitano de Quito, Quito, Ecuador.

MDMQ (Municipalidad del Distrito Metropolitano de Quito) (2014b) Parque Tecnológico Quito (Informe de Consultoría). Municipalidad del Distrito Metropolitano de Quito, Quito, Ecuador.

Mendez Gutierrez del Valle, Ricardo. (2013) 'Crisis economica, vulnerabilidad urbana y desempleo en España', Ciudad y Territorio. Estudios territoriales, Ministerio de Fomento de España, Madrid, España, 45(178), pp. 649–667.

Méndez, Ricardo, J. Michelini, and Patricia Romeiro. (2006) 'Redes socio-instucionales e innovación para el desarrollo de las ciudades intermedias', Ciudad y Territorio. Estudios territoriales, 38(148), Ministerio de Fomento de España, Madrid, España, pp. 377–396.

Mertins, Günter (2009), "Megacities in Lateinamerika: Informalität und Unsicherheit als zentrale Probleme von Governance und Steuerung", Technikfolgenabschatzung--Theorie und Praxis, 18 (1), TATuP, Zeitschrift des ITAS zur Technologiefolgeabschätzung, Karlsruhe, Alemania, pp. 52-61.

Morales Gutiérrez, Alfonso Carlos. (2009) 'Innovación social: un ámbito de interés para los servicios sociales', Zerbitzuan: Gizarte zerbitzuetarako aldizkaria = Revista de servicios sociales, ISSN 1134-7147, Nº. 45, Gobierno Vasco: Departamento de Vivienda y Asuntos Sociales = Etxebizitza eta Gizarte Gaietarako Saila, Bilbao, España, págs. 151-175.

Nischwitz, Guido, Reimar Molitor y Silvia Rohne (2002), "Local und Regional Governance für eine nachhaltige Entwicklung", Schriftenreihe des IÖW, 161 (02) Institut für Ökologische Wirtschaftsforschung, Wuppertal, Alemania Quito informa (2012) varias noticias sobre Turismo y proyeccion internacional, Quito informa. Gobierno de Ecuador, Quito, Ecuador Available at: www.quitoinforma.gob.ec. (25 demayo de 2017)

Republica de Ecuador (2008) CONSTITUCION DE LA REPUBLICA DEL ECUADOR 2008, Republica de Ecuador. Quito, Ecuador, Available at: https://www.oas.org/juridico/pdfs/mesicic4_ecu_const.pdf (Accessed: 15 May 2015).

Roost, Frank (2010), "Metropolzonen in der Wissensökonomie – Aufgaben der Stadtforschung und Planungspraxis", en Roost, Frank. (ed.), Metropolzonen in der Wissensökonomie, Springer, Detmold, Alemania, pp. 7- 19

Scholz, Roland (2013), „Transdisciplinarity", en: Mieg, Harald / Töpfer, Klaus (Ed.): Institutional and Social Innovation for Sustainable Urban Development, London

SENPLADES (Secretaría Nacional de Planificación y Desarrollo) (2009) Plan Nacional para el Buen Vivir 2009-2013 | Secretaría Nacional de Planificación y Desarrollo del Gbierno de Ecuador, Secretaría Nacional de Planificación y Desarrollo. Quito, Ecuador.Available at: http://www.planificacion.gob.ec/p lan-nacional-para-el-buen-vivir-2009-2013/ (Accessed: 15 May 2018).

UIL. Evento sobre Ciudades del Aprendizaje: Smart City Expo LATAM Congress en La Puebla | UIL. Disponível em: https://uil.unesco.org/es/aprendizaje-lo-largo-vida/ciudades-

aprendizaje/evento-sobre-ciudades-del-aprendizaje-smart-city-expo.
Aceso en: 8 out. 2018.

URB-AL (2011) Nachhaltige Stadtentwicklung in Lateinamerika.
Landeshauptstadt Stuttgart, Stuttgart, Alemania. Available at:
https://www.lateinamerikaverein.de/fileadmin/LAV/Veranstaltungen/LAT_
2012/Nachhaltige_Stadtentwicklung_C.pdf (15 de mayo de 2018).

Wehrhahn, Rainer (2007), Risiko und Vulnerabilität in Lateinamerika,
Geographisches Institut der Universität, Kiel, Alemania

Von Rohr, Hans-Gottfried (1994), Angewandte Geographie, Höller und
Zwick, Braunschweig, Alemania

Wehrhahn, Rainer y Dominik Haubrich (2010), Megastädte im Globalen
Süden: Dynamik und Komplexität megaurbaner Räume mit Beispielen aus
Lima und Guangzuhou, Geographisches Institut der Universität Kiel, Kiel,
Alemania.

Windhorst, Hans Wilhelm. (1983), Geographische Innovationsforschung,
Darmstadt, Alemania

1) Quito

MDMQ (varias veces con las mismas personas)

Alcaldía – Alcalde / asesores; -Vice Alcaldía – Vice Alcalde / asesores; - Secretaria de Planificación: Secretaria / Director Instituto de Ciudad; - Secretaria Medio Ambiente: Secretario / encargado Cambio Climático; - Secretaria de Territorio Hábitat y Vivienda: Secretario, directores de área, coordinadora: proyecto Rehabilitación Centro Histórico Quito; -Secretaria de Transporte: Secretario / director: proyecto BiciQ; -Secretaria de Desarrollo Productivo y Competitividad: Secretario / director CONQUITO - Administración Zonal: Coordinador Zona Norte; -Coordinador Agenda Digital Quito, -Concejales

Otros gobiernos locales: Gobierno de Pichincha – Secretaria de Planificación; Gobierno de Azuay – Departamento de Planificación, Departamento de Medio Ambiente; Alcaldía de Cuenca – Departamento Medio Ambiente, Departamento de Planificación, Alcaldía de Manta – Alcalde, Asesor

Sociedad civil: -ONG Ciudad – Director; ONG Fundación Ambiente y Sociedad – Director; Universidad Andina Simón Bolívar: varios profesores; Facultad Latinoamericano de Ciencias Sociales: varios profesores; - Universidad Católica: Facultad de Arquitectura; Universidad Central del Ecuador: Rectorado, Facultad de Economía, Facultad de Arquitectura;

Organizaciones internacionales (en Quito): Cooperación Técnica Alemania (varios), -Fundación Friedrich Ebert

2) Otros países

Universidad Nacional Federico Villareal Lima (Perú): Decano de la Facultad Ingeniera Geográfica, Ambiental, y Ecoturismo, Universidad Gastón Dachary (Argentina), varios investigadores

Congreso Mercociudades: Grupo de gestión políticas urbanas, participantes de todos los países

Universidad Igui (Río Grande do Sul / Brasil): profesores del programa de doctorado en Desarrollo. - Universidad Guadalajara (Mexico): profesores de varios campus; Benemérita Sociedad de Geografía y Estadística de Jalisco: Directorio; Gobierno Regional Jalisco: Departamento Medio Ambiente – Directora y jefes de área

MIX

Papier | Fördert
gute Waldnutzung

FSC® C083411

Zeitfracht Medien GmbH
Ferdinand-Jühlke-Straße 7
99095 Erfurt, Deutschland
produktsicherheit@kolibri360.de